SAINT-SIMON

LES CLASSIQUES POPULAIRES

Publiés sous la direction de M. Emile FAGUET

Prix de chaque volume, broché. **1 50**
— — *cart. souple, tr. rouges.* **2 50**

Chaque volume contient de nombreuses illustrations.

CHATEAUBRIAND, par A. Bardoux, membre de l'Institut, 1 vol.

LAMARTINE, par Edouard Rod, 1 vol.

ALFRED DE MUSSET, par Claveau, 1 vol.

VICTOR HUGO, par Ernest Dupuy, inspecteur général de l'Enseignement secondaire, 1 vol.

BÉRANGER, par Ch. Causeret, agrégé de l'Université, docteur ès Lettres, inspecteur d'Académie.

AUGUSTIN THIERRY, par F. Valentin, agrégé de l'Université, professeur au Lycée Buffon.

MICHELET, par F. Corréard, professeur agrégé d'histoire au lycée Charlemagne, 1 vol.

THIERS, par Edgar Zevort, recteur de l'Académie de Caen, 1 vol.

GUIZOT, par J. de Crozals, professeur à la Faculté des Lettres de Grenoble, 1 vol.

EMILE AUGIER, par H. Parigot, professeur de rhétorique au lycée Janson-de-Sailly, 1 vol.

MONTESQUIEU, par Edgar Zevort, recteur de l'Académie de Caen, 1 vol.

LESAGE, par Léo Claretie, agrégé des Lettres, docteur ès Lettres.

VOLTAIRE, par Emile Faguet, professeur à la Sorbonne.

ANDRE CHÉNIER, par Paul Morillot.

BUFFON, par H. Lebasteur, professeur agrégé des Lettres au Lycée de Lyon, 1 vol.

J.-J. ROUSSEAU, par L. Ducros, professeur à la Faculté des Lettres d'Aix, 1 vol.

BERNARDIN DE SAINT-PIERRE, par de Lescure, 1 vol.

FLORIAN, par Léo Claretie, professeur agrégé des Lettres, docteur ès Lettres, 1 vol.

CORNEILLE, par Emile Faguet.

LA FONTAINE, par le même, 1 vol.

MOLIÈRE, par H. Durand, inspecteur général honoraire de l'Université, 1 vol.

BOILEAU, par P. Morillot, professeur à la Faculté des Lettres de Grenoble, 1 vol.

RACINE, par Paul Monceaux, professeur de rhétorique, docteur ès Lettres, 1 vol.

RETZ, par Ch. Normand, docteur ès Lettres, 1 vol.

Mme DE SÉVIGNÉ, par R. Vallery-Radot, lauréat de l'Académie française, 1 vol.

BOSSUET, par G. Lanson, maître de conférences à l'Ecole normale supérieure, docteur ès Lettres, 1 vol.

LA ROCHEFOUCAULD, par Félix Hémon.

FÉNELON, par G. Bizos, recteur de l'Académie de Dijon, 1 vol.

LA BRUYÈRE, par Maurice Pellisson, 1 vol.

SAINT-SIMON, par J. de Crozals, professeur à la Faculté des Lettres de Grenoble, 1 vol.

RONSARD, par G. Bizos, 1 vol.

MONLUC, par Ch. Normand, docteur ès Lettres, professeur agrégé d'histoire au lycée Condorcet, 1 vol.

RABELAIS, par Emile Gebhart, professeur à la Sorbonne.

MONTAIGNE, par Maxime Lanusse, docteur ès Lettres, professeur agrégé au Lycée Charlemagne.

LES CHRONIQUEURS, par A. Debidour, inspecteur général de l'Enseignement secondaire. Première série : *Villehardouin ; — Joinville*, 1 vol. Deuxième série : *Froissart ; — Commines*, 1 vol.

LA POÉSIE LYRIQUE EN FRANCE AU MOYEN AGE, par L. Clédat, doyen de la Faculté des Lettres de Lyon, 1 vol.

LE THÉATRE EN FRANCE AU MOYEN AGE, par le même, 1 vol.

SHAKESPEARE, par James Darmesteter, professeur au Collège de France, 1 vol.

DANTE, par Edouard Rod, 1 vol.

LE TASSE, par Emile Mellier, inspecteur d'Académie, 1 vol.

GOETHE, par Firmery, professeur de littérature étrangère à la Faculté des Lettres de Lyon, 1 vol.

CERVANTES, par Lucien Biart, 1 vol.

HOMÈRE, par A. Couat, recteur de l'Académie de Bordeaux, 1 vol.

VIRGILE, par A. Collignon, professeur de rhétorique et maître de conférences à la Faculté des Lettres de Nancy, 1 vol.

PLUTARQUE, par J. de Crozals, professeur d'histoire à la Faculté des Lettres de Grenoble, 1 vol.

DÉMOSTHÈNE, par H. Ouvré, professeur à la Faculté des Lettres de Bordeaux, 1 vol.

CICÉRON, par M. Pellisson, agrégé des Lettres, inspecteur d'Académie, docteur ès Lettres, 1 vol.

HÉRODOTE, par F. Corréard, professeur agrégé d'histoire au lycée Charlemagne, 1 vol.

Tous les volumes parus ont été honorés d'une souscription du Ministère de l'Instruction publique

LOUIS DUC DE S. SIMON,
Pair de France Grand D'Espagne

NOUVELLE COLLECTION DES CLASSIQUES POPULAIRES

SAINT-SIMON

PAR

J. DE CROZALS

ANCIEN ÉLÈVE DE L'ÉCOLE NORMALE SUPÉRIEURE
PROFESSEUR D'HISTOIRE A LA FACULTÉ DES LETTRES DE GRENOBLE
ET ASSESSEUR DU DOYEN

Un volume orné de plusieurs reproductions

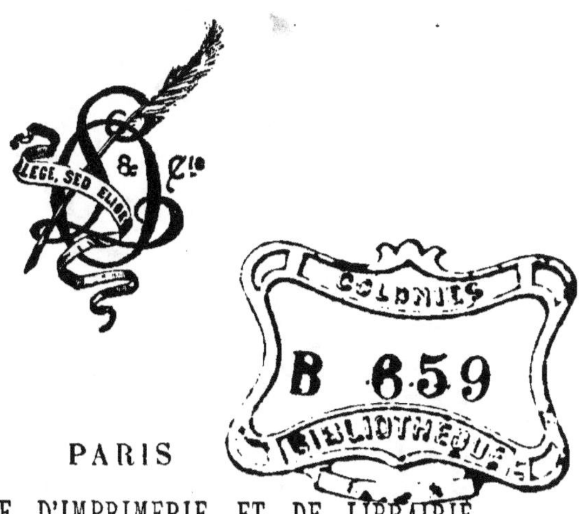

PARIS

SOCIÉTÉ FRANÇAISE D'IMPRIMERIE ET DE LIBRAIRIE

(ANCIENNE MAISON LECÈNE, OUDIN ET Cie)

15, RUE DE CLUNY, 15

1897

SAINT-SIMON

CHAPITRE PREMIER

LES ORIGINES ; LE PÈRE DE SAINT-SIMON ; LES DÉBUTS DU JEUNE DUC.

I

« Je suis né la nuit du 15 au 16 janvier 1675, de
Claude, duc de Saint-Simon, pair de France, et de sa
seconde femme Charlotte de l'Aubépine, unique de ce
lit. » (I, 1.)

Ce sont les premières lignes des *Mémoires* (1)
de Saint-Simon ; elles nous mettent, de prime
abord, en regard d'un personnage qu'il faut connaître pour expliquer quelques-uns des traits du
caractère du grand écrivain : Claude de Saint-
Simon, son père.

(1) Pour permettre au lecteur d'étendre, à propos de nos
courtes citations, le champ de sa lecture, nous ferons toujours suivre nos extraits de l'indication du volume et de
la page, d'après l'édition in-8° de Chéruel, en 20 vol. in-8°,
1856

Toute l'influence qu'un père jeune, valide, actif, peut exercer sur l'âme de son fils par un long commerce, de la première enfance aux approches de la maturité, il semble qu'il ait été accordé à Claude de Saint-Simon de la condenser, plus agissante encore et plus profonde, dans le court espace de dix-huit années. Cette paternité de vieillard prit sa revanche ; le temps lui était mesuré pour agir longtemps ; elle redoubla d'énergie pour laisser son empreinte, qui fut ineffaçable. Claude avait soixante-neuf ans lors de la naissance de son fils, et quatre-vingt-sept, quand il lui manqua, à bout d'énergie.

« Il était mort, qu'à peine s'écriait-on qu'il était mal ; il n'y avait plus d'huile à la lampe. » (I, 47.)

Saint-Simon porta toute sa vie, au fond du cœur, le deuil de son père : c'était justice. Sans qu'il lui convînt de le reconnaître, il pleurait en lui son père et son unique ancêtre. Il se vantait quand il écrivait, à propos de sa généalogie, les lignes que nous allons rapporter ; mais le mensonge était inconscient ; il en fut de lui comme d'un dévot parlant de miracles : le fanatisme de la noblesse fut sa religion, et il officia toute sa vie dans la petite chapelle des ducs de Saint-Simon.

« Nous avons à la cour très peu de maisons aussi anciennes que celle de Saint-Simon, qui tire son origine d'Olivier de Rouvroi, chevalier, vivant en 1060, sous Henri I. Jean de Rouvroi, chevalier banneret, suivit Philippe-Auguste à la conquête de la Normandie sur le roi d'Angleterre, en 1202. Quatre de ses descendants furent vice-rois de Navarre. Environ l'an 1334, Mathieu de Rouvroi épousa Marguerite de Saint Simon, héritière de cette maison, à la charge de porter le nom et les armes de Saint-Simon. Cette maison était extraite du sang impérial de Charlemagne par les comtes de Vermandois et les rois d'Italie (1). »

Mais, après avoir fixé cette vision glorieuse d'une descendance royale et impériale, l'auteur est contraint de descendre aux réalités.

« La naissance et les biens ne vont pas toujours ensemble. Diverses aventures de guerre et de famille avaient ruiné notre branche, et laissé nos derniers pères avec peu de fortune et d'éclat pour leur service militaire. » (I, 50.)

Nous touchons terre cette fois, après une envolée dans les nues. La vraie lignée de Saint-Simon, c'est son père. Si le roi Louis XIII n'eût point été passionné pour la chasse, et si l'un de ses pages, voyant son impatience à relayer, n'avait imaginé « de lui tourner le cheval qu'il lui présentait, la tête à la croupe de celui qu'il quittait », lui

(1) *Mémoire des ducs*, 1716.

permettant ainsi « de sauter de l'un sur l'autre sans mettre pied à terre », l'auteur des *Mémoires* n'eût sans doute jamais été duc et pair.

« Ce garçon, dit Tallemant, rapportait toujours au roi des nouvelles certaines de la chasse, ne tourmentait point les chevaux, et quand il portait en un cor, ne bavait point dedans. »

Par ces petits talents, il sut plaire ; le roi demanda toujours ce même page à son relais ; il s'en informa et peu à peu le prit en affection. Ainsi commençait une faveur royale.

La piété du fils s'est ingéniée à masquer l'étrange humilité de ces commencements. Il veut qu'avant d'élever son jeune page, Louis XIII se soit

« fait sourdement extrêmement informer de son personnel et de sa naissance, pour voir si cette base était digne de porter une fortune, et de ne retomber pas une autre fois. » (I, **51**.)

Louis XIII avait été « attrapé à M. de Luynes » et ne voulait pas recommencer. Comme il n'aimait que les gens de qualité, sa faveur seule était un brevet d'antique noblesse. La vanité du fils de son favori se rassure et s'exalte à cette pensée.

Il se trouva du moins que ce regard royal était tombé sur un honnête homme et un cœur fidèle. Toutes les vertus que résumait le contrat féodal entre le vassal et le suzerain, Claude de Saint-Simon les avait. Son roi devint son dieu. Les plus précieux avantages récompensèrent ce culte que sa ferveur ennoblit et qui garda, même en pleine prospérité, toutes les grâces du désintéressement. Premier écuyer du roi, premier gentilhomme de la chambre, gouverneur de Blaye, duc et pair à vingt-sept ans, il fut favori de Louis XIII, sans déplaire à Richelieu; et c'est peut-être un mauvais signe, à ne considérer que la portée d'esprit du personnage et sa réelle influence. Claude expliquait cette tolérance du Cardinal par le souvenir du service qu'il avait rendu au ministre affolé, en sauvant son pouvoir à la *Journée des Dupes.* Richelieu s'était vu « en ses mains. » Mais il ne garda pas rancune pour ce grand service, et son sauveur fut plus d'une fois son intime conseiller, si le témoignage du fils n'est pas suspect.

« Il est souvent arrivé à mon père d'être réveillé en sursaut, en pleine nuit, par un valet de chambre qui tirait son rideau une bougie à la main, ayant derrière lui le cardinal de Richelieu, qui s'asseyait sur le lit et prenait la bougie, s'écriant quelquefois qu'il était perdu, et venant au conseil et au secours de mon père sur des avis qu'on lui avait donnés, ou sur des prises qu'il avait eues avec le roi. » (I, 55.)

La mort de Louis XIII fut pour Claude de Saint-

Simon un effondrement. Il assista « éperdu de douleur » à sa fin calme et sereine ; et lorsque, aux obsèques, en sa qualité de Grand Ecuyer, il jeta l'épée royale dans le caveau, « il fut au moment de s'y jeter lui-même. »

Il passa le reste de sa vie dans une demi-retraite, partageant son temps entre Paris, Blaye et la Ferté-Vidame, sa terre bâtie des environs de Chartres, dont son fils devait porter le titre. Fidèle à la royauté, comme il l'avait été à *son* roi, il lutta pendant dix-huit mois dans Blaye contre les efforts des princes pendant la Fronde ; mais il ne fit rien pour rentrer en faveur ; il eût déplu à sa fierté de ne pas rester le favori d'un seul roi. Cette dignité d'attitude lui valut la considération du nouveau souverain et de hautes amitiés ; le rude Colbert lui-même s'apprivoisait avec lui. Jusque dans sa dernière vieillesse, Claude cultiva ses amis ; tous les jours chez lui il y avait bonne compagnie et bonne chère. Il mourut, sans s'être laissé amoindrir ni par l'âge, ni par le changement de fortune.

Son culte pour la mémoire de Louis XIII alla s'exaltant par le prestige du souvenir, et devint quelque chose de tout nouveau, à la fois par l'intimité et l'accent. Claude éleva son fils dans la vénération de cette mémoire ; il lui montra comme un idéal ce roi qui ne pouvait se séparer de ses gentilshommes. La tendresse coulait de ses lèvres

quand il prononçait son nom et parlait de lui.
Jamais il ne se consola de sa mort ; un demi-siècle
durant, il assista, le 14 mai, à Saint-Denis, à son
service ; à Blaye, il faisait célébrer ce jour-là
une cérémonie solennelle. Il s'indignait de voir
s'éclaircir peu à peu les rangs des fidèles au jour
anniversaire ; il finit par s'y trouver seul. Du
moins, son fils y fut conduit par lui, le 14 mai
1692 ; avant de le présenter au roi vivant, il
voulut le présenter à son roi mort.

Ces frappantes images ne s'effacèrent jamais
de l'esprit de son fils. Pour Louis de Saint Simon, comme pour Claude son père, Louis XIII est
l'idéal du souverain ; il est resté « le juste, le
héros, le digne fils de saint Louis » (1). Ils lui rendent l'un et l'autre toute la gloire que « les hommes et les écrivains lui ont dérobée (2) » pour
la donner à son ministre ; ils font mieux encore ;
ils l'aiment, ils le baignent d'un flot intaris-
sable de tendresse ; ils ne sauraient rassasier
ni leurs yeux de son image, ni leur âme de sa
pensée. Son portrait est partout chez eux : on le
voit à la Ferté-Vidame, dans la *grande salle
à manger*, dans la *salle de compagnie*, dans une
chambre à coucher, dans un cabinet de travail,

(1) XII, 454.
(2) I, 56.

dans un petit cabinet, dans le grand cabinet
bibliothèque, dans quatre chambres à coucher
et dans un salon ; à Paris, dans la pièce ser-
vant de cabinet au duc ; enfin, dans un tiroir secret du bureau où le duc avait enfermé quelques-unes de ces reliques du cœur, auxquelles la
piété du souvenir s'attache.

On trouva, en faisant l'inventaire, après la mort
de l'auteur des *Mémoires*, « un tableau miniature
représentant Louis XIII » à côté du « portrait
miniature de la duchesse, de la mère du duc,
d'une bague en or portant un portrait de femme,
etc. » Ce n'est plus ici l'attachement banal du
courtisan ; devant ces images du roi vénéré,
on salue le génie domestique du lieu, une façon
de Lares royaux. Louis XIII resta, aux yeux du fils
de son favori, le roi des gens de qualité, et son
règne, l'époque unique où s'épanouit et triom-
pha le mérite de la naissance ; ce fut sa vraie
patrie dans le temps.

« Aussi a-t-on fait le proverbe des trois places et des
trois statues de Paris : Henri IV, avec son peuple, sur le
Pont-Neuf ; Louis XIII, avec les gens de qualité, à la
place Royale ; et Louis XIV, avec les maltôtiers, dans la
place des Victoires. » (I, 51.)

Claude s'était marié deux fois. De Diane de
Burdos, sa première femme, il n'avait eu qu'une

fille, Madame de Brissac. Veuf après vingt-six ans
de mariage, il devait un héritier à son nom et à
son titre. Mais il ne prétendait sacrifier à l'esprit
de race ni son repos, ni son honneur; il ne
« voulut sa femme que pour lui; » il la trouva. En
1670, Charlotte de l'Aubespine épousa, à vingt-
sept ans, ce vieillard de soixante-quatre; et cinq
ans après, elle lui donna un fils, l'auteur des
Mémoires. Devenu père, Claude n'abdiqua pas ses
droits d'époux; le vieux dragon veillait sur son
trésor.

« Lorsqu'on mit des dames du palais auprès de la reine,
au lieu de ses filles d'honneur, Madame de Montespan
obtint une place pour ma mère et le lui manda. Le gentilhomme qui vint de sa part la trouva sortie, mais on lui
dit que mon père ne l'était pas. Il demanda donc à le
voir, et lui donna la lettre de Madame de Montespan pour
ma mère. Mon père l'ouvrit, et tout de suite prit une
plume, remercia Madame de Montespan et ajouta qu'à
son âge il n'avait pas pris une femme pour la cour, mais
pour lui, et remit cette réponse au gentilhomme. Ma
mère, de retour, apprit la chose par mon père. Elle y
eut grand regret, mais il n'y parut jamais. » (I, 79.)

La cour semblait se fermer devant l'être,
encore enfant, le mieux préparé qui fût jamais
par la nature pour la bien voir, l'observer et la
peindre. Claude vécut assez pour présenter lui-
même son fils au roi; mais ce n'était que le pre-

mier degré, et le moins malaisé à franchir, dans
cette voie de la faveur. Le jeune gentilhomme
entre dans les mousquetaires gris, fait campagne,
accepte une compagnie de cavalerie dans le
Royal Roussillon, et fait la guerre en Flandre
quand son père meurt.

Il se sentit alors

« fort esseulé dans un pays où le crédit et la considération faisaient plus que tout le reste. Fils d'un favori de
Louis XIII et d'une mère qui n'avait vécu que pour lui, qu'il
avait épousée n'étant plus jeune elle-même, sans oncle,
ni tante, ni cousins germains, ni parents proches, ni
amis utiles de mon père et de ma mère, si hors de tout
par leur âge, je me trouvais extrêmement seul. » (I, 118.)

II

Un mariage préparé avec discernement était
l'unique moyen de nouer et d'étendre ce précieux
réseau des alliances, sans lesquelles un gentilhomme était livré, poitrine nue, à toutes les blessures de la vie de cour. On ne pénétrait impunément dans ce monde armé d'hostilité, qu'en
opposant à ses assauts le front d'une parenté
puissante. Tout était péril aux courtisans isolés;
mais le groupement des intérêts les fortifiait les
uns les autres, comme par un contrat de mutuelle

assurance. Ainsi, le beau-père importait plus que la fille, et il était naturel que Saint-Simon épousât le duc de Beauvilliers.

« Tout m'avait épris de lui, dit-il lui-même, sa vertu, sa douceur, sa politesse. Sa faveur était alors au plus haut point. Il était ministre d'Etat depuis la mort de M. de Louvois ; il avait succédé fort jeune au maréchal de Villeroy dans la place de chef du conseil des finances, et il avait eu de son père la charge de premier gentilhomme de la chambre. La réputation de la duchesse de Beauvilliers me touchait encore, et l'union intime dans laquelle ils avaient toujours vécu. L'embarras était le bien ; j'en avais grand besoin pour nettoyer le mien, qui était fort en désordre, et M. de Beauvilliers avait deux fils et huit filles. Malgré tout cela, mon goût l'emporta, et ma mère l'approuva. » (I, 118.)

Mon goût ! C'est bien en effet un mariage d'inclination qu'il entend faire ; il importe peu qu'il n'ait jamais vu (il nous l'apprend lui-même) la jeune fille, trait d'union futur des deux maisons. Saint-Simon a le cœur trop haut pour se laisser tenter à des millions et subir une mésalliance.

« Ni la mode, dit-il avec un secret mépris, ni mes besoins ne pouvaient me résoudre à m'y ployer. » (I, 118.)

C'est une piquante histoire que celle de ce mariage rêvé et manqué ; elle met en vive lumière l'homme et le milieu. Fort de ses intentions,

Saint-Simon veut être son propre négociateur, chose nouvelle en ces sortes d'affaires ; il trouve plus de grâce à cette franchise, et, un état de ses biens à la main, il entre dans le cabinet de M. de Beauvilliers, où le duc lui a donné rendez-vous. Le duc reçoit sa requête, « les yeux collés sur lui », visiblement surpris par l'aveu de cet amour à deux objets, sa fille et lui-même.

« Il voyait bien, à la proposition que je lui faisais, que ce n'était pas le bien qui m'amenait à lui, *ni même sa fille que je n'avais jamais vue*, que c'était lui qui m'avait charmé et que je voulais épouser, avec Mme de Beauvilliers. » (I, 120.)

Les embarras se multiplient sur les pas du jeune amoureux : la fille aînée du duc, âgée de quatorze à quinze ans, veut entrer en religion ; la seconde est contrefaite et nullement mariable ; la troisième n'a pas treize ans, et la nécessité de ses affaires ne permet pas au jeune duc d'attendre jusqu'à la huitième. Mais cet amour de tête lui donne plus de ressources d'esprit que n'eût fait peut-être une passion ordinaire ; il discute pied à pied, retourne les arguments, assiège tour à tour le duc et la duchesse, invente des cas de conscience inconnus aux théologiens, et déploie dans cet assaut l'élégance d'un gentilhomme et la verve endiablée d'un adolescent.

Que lui parle-t-on de vocation religieuse ? N'y avait-il pas deux vocations en présence et en lutte ; et la sienne était-elle donc d'un ordre inférieur et si méprisable ? A les peser l'une et l'autre, on verrait bien le petit mérite de la première et les qualités de la seconde. La sienne était de solide étoffe, stable et fixée ; l'autre, imaginaire et factice, sujette au changement. Que risquait-on d'ailleurs à faire violence à l'une ? Ce serait mettre une jeune fille dans l'état naturel et ordinaire ; il y avait plus de vertu et de piété dans la famille Beauvilliers qu'aux Bénédictines de Montargis. Mais contrarier sa vocation, à lui ? Y pouvait-on songer ? n'était-ce pas l'exposer à vivre malheureux et mal avec la femme qu'il épouserait et avec sa famille ? (I, 124.)

Nous ne serons point sans doute, comme la duchesse de Beauvilliers, « surpris de la force de ce raisonnement ». Mais son imprévu, le tour piquant de la pensée, cette sophistique au service d'une honnête cause nous laissent, à notre tour, sous le charme, déconcertés.

Et, notons-le, l'ardeur est égale des deux parts. M. et Mme de Beauvilliers seraient « inconsolables de perdre » cet oiseau rare, ce gendre dont la tendresse remonte d'un étage. Alors même que la pensée de cette alliance est écartée, ce ne sont que choses flatteuses, les plus tendres

protestations d'un intérêt et d'une amitié intime
et éternelle, la prière et la promesse de se regarder désormais pour toujours, l'un et l'autre,
comme beau-père et gendre, dans la plus indis-
soluble union, l'espoir de réaliser plus tard
entre leurs enfants l'alliance alors impossible. Il
fallut se séparer pour faire trêve à cette double
et profonde douleur. « Nous en avions tous deux
besoin. » Saint-Simon alla passer quelques jours
à Paris ; et comme la blessure ne se fermait pas,
il fit une retraite à la Trappe pour y chercher
la consolation.

III

Il fallut pourtant faire taire ces regrets et voir
d'autres partis. Madame de Saint-Simon, fort
occupée à trouver pour son fils un bon mariage,
réussit l'hiver suivant (1695). Le jeune duc
échappa heureusement aux poursuites de la future
princesse des Ursins, qui l'eût volontiers confisqué
pour sa nièce, Mlle de Royan. Mais cette jeune
fille avait le pire défaut : elle était orpheline.

« C'eût été un noble et riche mariage, mais j'étais seul,
et je voulais un beau-père et une famille dont je pusse
m'appuyer. » (I, 246.)

Saint-Simon trouva enfin

« tout ce qui lui manquait pour se soutenir, s'achemi-
ner, et pour vivre agréablement au milieu de tant de
proches illustres et dans une maison aimable. » (I, 248.)

Il rechercha une des filles du maréchal de Lorges.
Saint-Simon avait servi à l'armée du Rhin
sous les ordres du maréchal. Il avait pu apprécier sa
probité, sa droiture, sa franchise, sa naissance,
la magnificence avec laquelle il vivait partout, sa
considération à la cour. Neveu de Turenne, le
maréchal de Lorges avait de grandes alliances ;
mais ces avantages étaient en partie adultérés par
le souvenir de l'union du maréchal avec Mademoi-
selle Frémont. Le besoin de refaire sa fortune et
de soutenir son rang l'avait réduit à accepter la
fille de Frémont, garde du trésor royal. Saint-
Simon a beau rappeler, pour se donner le change et
faire illusion, que M. Frémont « avait été le finan-
cier le plus habile et le plus consulté » ; sa vanité
saigne encore à ce souvenir. Même désarmé par
les réels mérites de la maréchale et de ses proches,
il ne peut oublier cette tache originelle. S'il parle
avec reconnaissance des services que lui rendit
alors Mme Damon, belle-sœur de Mme Frémont, il
ne peut se tenir d'ajouter

« qu'elle était plus du monde que ces sortes de femmes-là
n'ont accoutumé d'être. » (I, 249.)

Cependant, si la roture se pouvait pardonner,
la maréchale de Lorges et Madame Frémont étaient
dignes d'être les deux justes dont le mérite cou-
vre une ville coupable. La première était con-
sidérée et applaudie à la cour pour la manière
polie, sage et noble avec laquelle elle savait tenir une maison ouverte à la meilleure compagnie
sans aucun mélange ; elle s'était acquis une estime
parfaite et une considération personnelle ; son
gendre dit tout d'un mot :

« Elle avait fait oublier ce qu'elle était née. » (I, 248.)

Mme Frémont, mère de la maréchale, était une
femme de grand sens, d'une vertu parfaite, d'une
grande piété, pleine de bonnes œuvres et d'une
application singulière à l'éducation de ses deux
petites-filles. Saint-Simon devait s'applaudir toute
sa vie du résultat de cette action intime et continue
de l'aïeule : il parle de sa femme avec un accent de
tendresse profonde ; dans ce milieu bourgeois,
quelque chose d'exquis s'était formé.

« Mlle de Lorges était blonde avec un teint et une
taille parfaite, un visage fort aimable, l'air extrêmement
noble et modeste, et je ne sais quoi de majestueux par
un air de vertu et de douceur naturelle. Ce fut celle avec
qui j'espérai le bonheur de ma vie, qui depuis l'a fait
uniquement et tout entier. Comme elle est devenue ma
femme, je m'abstiendrai ici d'en dire davantage, sinon

qu'elle a tenu infiniment au delà de ce qu'on m'en avait
promis, par tout ce qui m'était revenu d'elle et de tout ce
que j'en avais moi-même espéré. » (I, 249.)

Ces paroles font honneur à Saint-Simon ; elles
corrigent heureusement l'impression produite peut-
être par ses préoccupations de mariage, où le souci
de la personne semblait n'entrer pour rien. Il se
trouva que ce duc, avant tout épris de la famille et
des parents, fut un irréprochable époux ; l'union
des âmes se fit après celle des intérêts, et ce mariage de convenance reste un objet d'envie pour
bien des couples mariés par amour.

Dans le cours de ses *Mémoires*, Saint-Simon ne
parle jamais de sa femme qu'avec réserve, mais
toujours avec une tendresse profonde ; son accent
ne saurait tromper, sa confiance en elle était sans
bornes.

« Je m'en suis aidé en tout sans réserve, et le secours
que j'y ai trouvé a été infini pour ma conduite et pour
les affaires... C'est un bien doux et bien rare contraste de
ces femmes inutiles ou qui gâtent tout, dont l'occupation
est de faire de la dépense et les honneurs, contraste
encore plus grand de ces rares capables qui font sentir
leur poids, d'avec la perfection d'un sens exquis et
juste en tout, mais doux et tranquille, et qui, loin de
faire apercevoir ce qu'il vaut, semble toujours l'ignorer
soi-même avec une uniformité de toute la vie de modestie, d'agrément et de vertu. » (V, 109.)

« Il faut que cette vérité m'échappe ; il n'y avait point
de femme qui eût jamais joui d'une réputation plus
pleine, plus unanimement reconnue, ni plus solide que
Mme de Saint-Simon , sur tout ce qui forme le mérite des
plus honnêtes et des plus vertueuses. » (VIII, 314.)

Après 24 ans de mariage, Madame de Saint-
Simon fut atteinte d'une fièvre maligne : « cet
accident, écrit son mari, me pensa tourner la
tête. » Dans son testament, il rend un suprême
hommage à celle que la mort lui a ravie. Il rappelle

« la tendresse extrême et réciproque, la confiance sans
réserve, l'union intime, parfaite, sans lacune, qui a fait
de lui, tant qu'a duré leur mariage, l'homme le plus
heureux, goûtant sans cesse l'inestimable prix de cette
Perle unique..... »

Ainsi se trouva corrigé, par le mérite des personnes et l'avantage d'un heureux naturel, le singulier de ce trafic matrimonial où le choix de la
fiancée n'était rien. Il restait pourtant une chose :
Saint-Simon disant à M. Frémont : « Monsieur
mon beau-père ; » Saint-Simon *gendre de M. Poi-
rier* ; et la chose est plaisante. Le vrai, le seul
maître de l'homme serait-il donc l'intérêt ? Chez
ceux même où la vanité déborde, l'intérêt la règle,
l'endigue et la mène à son gré.

Le *Mercure galant* célébra, comme il convenait,
une union à laquelle le roi s'intéressait ; Louis XIV

avait signé au contrat. La noblesse de Saint-
Simon et les grâces de Mlle de Lorges furent exal-
tées. Dans ses petites mains de dix-sept ans, la
jeune duchesse apportait en dot à son mari 400.000
livres. M. et Mme Frémont faisaient les frais des
trois quarts de cette somme.

Le mariage eut lieu le 8 avril 1695. Le lendemain,

« la mariée reçut sur son lit toute la France à l'hôtel de
Lorges, où les devoirs de la vie civile et la curiosité atti-
rèrent la foule. » (I, 252.)

Ce fut ensuite le tour de Versailles. Le roi voulut
bien voir la nouvelle mariée chez Mme de Maintenon ; il la reçut avec une distinction marquée.

« Au souper, la nouvelle duchesse prit son tabouret.
En arrivant à la table, le roi lui dit : « Madame, s'il vous
plaît de vous asseoir. » La serviette du roi déployée,
il vit toutes les duchesses et princesses encore debout ;
il se souleva sur sa chaise et dit à Mme de Saint-Simon :
« Madame, je vous ai déjà priée de vous asseoir ; » et
toutes celles qui le devaient être s'assirent ; et Mme de
Saint-Simon entre ma mère et la sienne, qui était après
elle. (I, 253.)

IV

Le jeune couple est installé à la cour. Mais la vie de cour ne devait commencer véritablement pour lui d'une façon continue que sept ans après, en 1702, lorsque Saint-Simon quitta le service. Malgré quelques prétentions, Saint-Simon n'avait réussi qu'à tenir honorablement son rang à l'armée : les réformes de Louvois et cet ordre maudit du tableau « qui égalait tout le monde, » et faisait « tout peuple », échauffaient sa bile. Après la paix de Ryswick, son régiment ayant été réformé, il fut mis à la suite du régiment de Saint-Moris. Les règlements nouveaux exigeaient deux mois de présence aux régiments à la suite desquels on était ; cela parut « fort sauvage » à Saint-Simon, qui ne vit dans cette mesure qu'une vexation et un acte de « pédanterie. » Trois ans de suite, il s'ingénia pour passer aux eaux de Plombières le temps d'exil qu'il devait à son régiment. Enfin une promotion de brigadiers de cavalerie, dans laquelle il vit passer avant lui cinq gentilshommes, ses cadets, à la queue, lui fit perdre toute patience, et il songea à quitter le service.

Ce n'était pas sans déchirement ; deux mois durant, il hésita, pesant les raisons de rester ou de partir. Il songeait à la guerre prochaine, aux chances d'avancement ; il s'abandonnait à toutes les espérances de la carrière ; puis, il sentait par avance tout le poids de l'oisiveté d'une existence encore à ses débuts,

« la douleur des étés à ouïr parler de guerre, de départs, d'avancements de gens qui s'y distinguent, qui s'y élèvent, qui acquièrent de la réputation. » (III, 364.)

Et son imagination avivant ces piqûres, il était, dans l'un et l'autre cas, le martyr de son amour-propre. Le ressentiment de l'injure présente fut à la fin le plus fort ; et il se résolut à quitter le service.

La chose était d'importance ; il fallait la préparer, pour que le roi n'en fût point choqué. Sa colère était inévitable ; il s'offensait quand on cessait de le servir ; il appelait cela *le quitter*, « encore plus des gens distingués. » Saint-Simon appela donc en consultation trois maréchaux et trois courtisans, pour avoir l'avis du militaire et du public, et tempérer leur conseil par la diversité des natures et des milieux. Ces juges, dont la décision devait être sans appel, conclurent à la retraite ; et leur avis fut suivi, non sans angoisses. Aucune parole de mécontentement n'accompagna l'acte lui-même ; la lettre qui annonçait au roi cette résolution se taisait sur les vrais motifs ; le jeune duc insistait sur la consolation qui lui viendrait de l'assiduité auprès de la personne du roi et de la faveur de lui faire plus continuellement sa cour.

Ce petit événement prenait dans la vie d'un courtisan des proportions démesurées. Saint-Simon mit en campagne des gens de plusieurs sortes, hommes et femmes de ses amis, pour recueillir ce qui pourrait échapper au roi, « où que ce fût », sur sa lettre.

— « Eh bien, Monsieur, dit Louis XIV à Chamillart, voilà encore un homme qui nous quitte. » Il est vrai que ces simples mots, s'il faut en croire notre auteur, furent dits « avec émotion » ; et Saint-Simon a eu la satisfaction de penser toute sa vie que le roi fut assez piqué de la nouvelle de sa retraite pour ne pas vouloir qu'on s'en aperçût. La première fois que le jeune duc reparut devant lui, il eut la faveur de s'entendre nommer pour tenir le bougeoir pendant le coucher.

Toutefois, le ressentiment royal, étouffé au début, mit trois ans à s'éteindre tout à fait. Saint-Simon n'alla plus à Marly, et se consola, dit-il, en cessant de donner au roi la satisfaction de lui refuser. Cette disgrâce, toute personnelle, ne s'étendit jamais à Mme de Saint-Simon, et le roi se plut mainte fois à marquer la différence.

« Quatorze ou quinze mois après, le roi fit un voyage à
Trianon. Les princesses avaient accoutumé de nommer
chacune deux dames pour le souper, et le roi ne s'en
mêlait point pour leur donner cet agrément. Il s'en lassa.
Les visages qu'il voyait à sa table lui déplurent, parce
qu'il n'y était pas accoutumé. Les matins, il mangeait
seul avec les princesses et leurs dames d'honneur, et il
faisait une liste lui-même et fort courte des dames qu'il
voulait le soir, et l'envoyait à la duchesse du Lude
chaque jour pour les faire avertir. Ce voyage était du
mercredi au samedi ; ainsi trois soupers... Mme de Saint-
Simon reçut un message de la duchesse du Lude pour
l'avertir qu'elle était sur la liste du roi pour le souper à
Trianon. La surprise fut grande. Mme de Saint-Simon se
trouva seule de son âge, à beaucoup près, à la table du
roi, avec Mesdames de Chevreuse et de Beauvilliers, la
comtesse de Grammont et trois ou quatre autres espèces
de duègnes favorites ou dames du palais nécessaires, et
nulle autre. Le vendredi, elle fut encore nommée avec
les mêmes dames ; et depuis, le roi en usa toujours ainsi
aux rares voyages de Trianon. Je fus bientôt au fait, et
j'en ris. Il ne nommait point Mme de Saint-Simon
pour Marly, parce que les maris y allaient de droit quand
leurs femmes y étaient ; ils y couchaient, et personne ne
voyait le roi que ce qui était sur la liste. A Trianon,
liberté entière à tous les courtisans d'y aller faire leur cour
à toutes les heures de la journée ; personne n'y couchait,
que le service le plus indispensable, pas même aucune
dame. Le roi voulait donc marquer mieux par cette
déférence que l'exclusion portait sur moi tout seul, et
que Mme de Saint-Simon n'y avait point de part. » (III, 368.)

De longues années après, quand il rédige ses

Mémoires, Saint-Simon appelle cela des « misères. »
Est-il bien sûr qu'il en jugeât ainsi sur l'heure
même ? Mais tout s'use, jusqu'au ressentiment
d'un prince tout-puissant ; et après une pénitence
de trois années, le jeune duc parut rétabli en
pleine faveur.

CHAPITRE II

LA VIE DE COUR.

I

La Bruyère parle d'une « région » qu'il place à quelque quarante-huit degrés d'élévation du pôle et à plus de onze cents lieues de mer des Iroquois et des Hurons. Cette région, c'est la Cour.

Nous dirions volontiers aujourd'hui « un monde » ; mais La Bruyère a raison, et notre fantaisie voit moins juste que la sienne.

La cour était quelque chose de très étroitement limité, circonscrit ; à tout prendre, quelque chose de très petit, exactement localisé, numériquement très resserré ; une agglomération d'environ trois mille personnes, entassées et s'agitant sur une scène aux dimensions restreintes ; se pratiquant à toute heure, se pénétrant, s'enchevêtrant dans le plus savant pêle-mêle, donnant l'illusion d'une foule, mais d'une foule triée et choisie. En regard de la ville, qui l'observe et l'envie, et du royaume qui l'alimente, la cour est en effet quelque chose de spécial et de petit, une région.

Mais si du dehors la vue pénètre au dedans, si l'on oublie le nombre réduit des personnages pour songer aux intérêts qu'ils représentent, le décor pour les passions des acteurs, les curiosités de l'étiquette pour l'importance des questions traitées, c'est bien un monde en vérité qui se découvre à nous. Jamais en effet les ressorts de l'âme humaine n'ont été soumis à un jeu plus artificiel, plus compliqué, plus fatigant, plus propre à produire des effets inattendus ; il y a là pour le moraliste une matière d'observations telle que jamais peut-être société humaine n'en avait offert d'aussi riche. Ajoutons que la politesse des mœurs dissimule l'âpreté des passions, varie à l'infini leurs façons de se produire, et semble enrichir la nature humaine de nouveaux traits. C'est bien un monde, et un monde en partie nouveau, pour qui veut étudier et surprendre en pleine manifestation de vie cet être, à la fois si semblable à lui-même et si divers, qui est l'homme.

Songez en outre que la vie entière d'une grande nation est liée aux volontés ou aux caprices de ce groupe d'hommes, et que des millions de destinées en dépendent. Là s'élaborent en effet et l'administration, qui ne touche qu'aux intérêts d'un seul État, et la politique générale où se joue le sort de plusieurs; et dites si vous n'avez pas sous les yeux, dans ce monde spécial de la cour, à la fois si vain et si préoccupé de graves problèmes, si étroit dans ses ambitions, et d'une portée si prodigieuse par les conséquences de ses actes, si dévoué en apparence au seul plaisir et si bien armé pour nuire au loin, comme un abrégé du monde lui-même.

Il nous faut un effort d'esprit pour nous représenter au naturel ce qu'était la cour à la fin du xviie siècle. Le monde n'a jamais rien vu et ne reverra certainement jamais rien de semblable.

De nos jours en effet, les trois grandes influences sociales dont la réunion étroite faisait la force de l'aristocratie, la naissance, la richesse, le pouvoir, sont ou bien à jamais détruites, ou le plus souvent dissociées et condamnées à s'exercer isolément.

Ce qu'était la naissance dans l'ancienne société française, une phrase de La Bruyère le donne suffisamment à entendre : « La prévention du peuple en faveur des grands est si aveugle, et l'entêtement pour leur geste, leur visage, leur ton de voix et leurs manières, si général que, s'ils s'avisaient d'être bons, cela irait à l'idolâtrie. » Le temps a emporté jusqu'au principe de cette idolâtrie, et l'avenir la connaîtra moins encore. La naissance, même authentique, n'est plus aujourd'hui qu'une curiosité ; elle attire un instant le regard plus que le respect ; et qui sait si la logique de la démocratie n'ira pas un jour jusqu'à tirer vanité de son défaut même ?

L'argent n'a pas recueilli, malgré les apparences, cet héritage du respect religieux que commandait la naissance, et qu'elle a perdu. Nous rendons hommage à la richesse parce qu'elle est une force, et que toute force incline à une façon de culte les volontés humaines. Mais il manque à la richesse de nos jours une stabilité suffisante, une longue immobilisation dans les mêmes mains, une solide assise sur un sol fixe, pour s'imposer au respect de tous. Devenue mobilière, agile et courante, elle paraît s'offrir à plus de gens et s'être faite d'un plus facile commerce. Autrefois, solidement fondée sur la vaste étendue de domaines héréditaires, elle semblait avoir conclu avec certaines familles une éternelle alliance ; la mort même la respectait ; elle ne se laissait pas disperser aux quatre vents selon le hasard des successions ; elle associait le plus souvent son prestige à celui du nom et de l'autorité, et se trouvait par là s'ennoblir et se légitimer elle-même. La richesse reste de nos jours une grande force, mais une force individuelle ; la mobilité de notre ordre social l'a atteinte et diminuée.

Plus rapide encore est le déplacement de l'au-

torité, plus éphémère et plus incertain l'exercice
du pouvoir. Nos révolutions ont découvert jusqu'au fond la vanité de la puissance elle-même ;
et les variations du suffrage populaire, en faisant
courir ce hochet, en le remettant parfois à des
mains faibles ou indignes, ont réduit d'une façon
singulière l'orgueil, sinon l'envie, de le tenir.

Qu'on imagine au contraire une société dans
laquelle le pouvoir, la richesse et la naissance
confondant leurs rayons en un puissant et unique
foyer, donnent leur maximum d'éclat ; on mesu-
rera d'un seul coup d'œil le prodigieux intervalle
qui sépare ce monde du nôtre, les conditions
essentiellement différentes de son existence, notre
embarras à le bien juger. Et ce n'est point là un
monde chimérique ; nos arrière-grands-pères l'ont
vu, de leurs yeux de chair, se mouvoir, agir et
briller ; il a vécu d'une existence réelle, bien que
factice : c'était la cour.

Ajoutons encore à tant d'avantages, qui faisaient
régner sur les contemporains ce petit peuple de la
cour, un autre principe d'influence. L'action direc-
trice que Paris exerce, depuis plus d'un siècle, sur
le reste de la France dans les sens les plus divers,
la cour l'exerçait alors et sur la ville, c'est-à-dire
sur Paris lui-même, et sur le reste du royaume.

De nos jours, Paris fait et défait les renommées ;
il les consacre quand elles se sont préparées

ailleurs ; il y aurait outrecuidance à vouloir passer
grand homme hors de ses murs ; mais les grands
hommes que Paris invente, ou qu'il authentique,
sont reconnus tels par la France entière. Paris polit
par son frottement les traits saillants du provincial,
il use et arrondit tout, il affine les contours et fait
reluire les surfaces ; il donne le ton et fait la mode.

Il y a deux siècles, la cour faisait et dé-
faisait les renommées ; elle était l'arbitre des
choses de l'esprit et du goût ; elle avait la tra-
dition de la vraie politesse, elle imposait ses
arrêts sans appel ; nul ne comptait, s'il n'était
passé et ne s'était fait approuver là. La tyrannie
de Paris, avec les bons offices qui la rendent
tolérable ou féconde, la cour l'exerçait alors.

Elle en avait aussi la fascination fulgurante ;
des extrémités du royaume, elle fixait les regards
de tous ; elle remplissait les pensées des hommes
et leur était un idéal. « *Xantippe*, au fond de sa
province, sous un vieux toit, et dans un mauvais
lit, a rêvé pendant la nuit qu'il voyait le prince,
qu'il lui parlait, et qu'il en ressentait une extrême
joie : il a été triste à son réveil ; il a conté son
songe, et il a dit : « Quelles chimères ne tombent
pas dans l'esprit des hommes pendant qu'ils dor-
ment (1) ! » Mettez à la place de Xantippe un

1 La Bruyère, *De la cour.*

fonctionnaire, enfoncé dans les paperasses d'un bureau de canton d'une gorge des Alpes ; et à la plaee du prince, un ministère ; qu'y a-t-il de changé ?

Voilà ce qu'il convient de se remettre en mémoire pour juger la vie de cour ; les idées, les préjugés dont il faut se remplir l'esprit, si l'on veut voir à leur vraie place et mesurer à leur réelle importance les faits, les manières, le langage, les politesses, les étrangetés de ce monde disparu. Il eut à son heure une existence aussi réelle, et, quoi qu'il semble, aussi naturelle que le monde actuel ; il répondit aux besoins des hommes d'alors, comme le monde d'aujourd'hui répond aux nôtres. Nous le jugeons comme un phénomène historique monstrueux ; nos pères le trouvaient légitime, régulier, ordinaire ; c'est nous qui serions, à leur sens, le phénomène et le monstre, s'il leur était donné de nous voir.

II

La vie de cour fut, en France, un fruit de l'histoire politique et des tendances sociales ; le produit combiné de l'action royale triomphante, des mœurs aristocratiques façonnées à l'obéissance, sauvées de la servilité par les grâces de la politesse, la dignité de l'esprit, l'art de bien dire, la légèreté spirituelle de la race, l'influence des femmes. Bien des tentatives du même genre avaient déjà été ébauchées depuis François Ier ; l'heure du rayonnement suprême ne devait sonner qu'après les troubles de la Fronde.

Il y eut là un instant unique. Les historiens se sont plu à rapprocher le début du règne de Louis XIV et les premières années de la période éclatante du Consulat, et à comparer ces deux œuvres de réparation. Alors, en effet, tout parut renaître et s'organiser sous la main d'un pouvoir fort ; la France, un moment compromise dans les factions ou l'agitation révolutionnaire, reprenait possession d'elle-même et de l'Europe.

On ne concevait alors rien de mieux adapté aux nécessités d'un gouvernement que la forme royale : la royauté était dans les cœurs de tous, remplissait les imaginations, échauffait les âmes. « L'idéal auquel on aspirait apparut dans la personne d'un jeune prince qui, comparé aux autres hommes, était lui-même une sorte d'idéal. » La nature, l'éducation et l'expérience de ses premières années l'avaient préparé à l'exercice du pouvoir absolu, et il en soutint le rôle avec une grandeur incomparable. L'Europe voyait avec étonnement, et la France avec respect, un prince qui faisait du travail sa loi, qui retenait pour lui seul toute

l'autorité, et qui, confondant le souci de sa gloire
et la recherche de la grandeur du pays, semblait
ne vivre que pour le bien public.

Jeune, beau, « traînant tous les cœurs après
lui », cavalier admirable, sans rival aux exercices
du corps, la danse, le mail, la paume, Louis XIV
montra, dès le premier jour, des qualités royales
que nul ne posséda jamais au même degré :
la majesté, la grâce, la politesse, l'exactitude.
La majesté chez lui était chose réelle.

« Jamais homme n'a tant imposé ; et il fallait commencer par s'accoutumer à le voir, si en le haranguant
on ne voulait s'exposer à demeurer court... Le respect
qu'apportait sa présence, en quelque lieu qu'il fût, imposait un silence et jusqu'à une sorte de frayeur » (1).
(XII, 464.)

Saint-Simon parle de « l'avantage incomparable et unique de sa figure ». Les Mémoires du
temps sont remplis de témoignages semblables ;
Choisy dit de son visage qu'il « remplissait la
curiosité des peuples ». C'était bien le Roi Soleil ;
et quoi que nous pensions de l'adulation de Versailles, jamais le xviie siècle, épris de grandeur,
ne se fût oublié à donner ce titre à un magot.

______

(1) Saint Simon parle ailleurs (I. 21) de « cette majesté effrayante
si naturelle au roi. »

« Rien n'était pareil à lui aux revues, aux fêtes, et partout où un air de galanterie pouvait avoir lieu par la présence des dames... Jamais devant le monde rien de déplacé, ni de hasardé ; mais jusqu'au moindre geste, son marcher, son port, toute sa contenance, tout mesuré, tout décent, noble, grand, majestueux, et toutefois très naturel. » (XII, 464.)

Voyez cet ensemble de qualités, partout estimables, mais d'un prix infini chez un souverain : la grâce dans la libéralité, la modération dans le blâme, la bonté dans la réprimande, la politesse la plus mesurée envers tous, l'exactitude dans le détail quotidien. Ces mérites fussent-ils inférieurs, la souveraineté du rang, qui pourrait en dispenser, les rehausse encore et les égale presque à des vertus.

« Jamais personne ne donna de meilleure grâce et n'augmenta tant par là le prix de ses bienfaits. Jamais personne ne vendit mieux ses paroles, son souris même, jusqu'à ses regards. Il rendit tout précieux par le choix et la majesté, à qui la rareté et la *brèveté* (*sic*) de ses paroles ajoutait beaucoup. Jamais il ne lui échappa de dire rien de désobligeant à personne ; et s'il avait à reprendre ou à corriger, ce qui était fort rare, c'était toujours avec un air plus ou moins de bonté, presque jamais avec sécheresse, jamais avec colère.

« Jamais homme si naturellement poli, ni d'une politesse si fort mesurée, si fort par degrés, ni qui distinguât mieux l'âge, le mérite, le rang, et dans ses réponses

quand elles passaient le « je verrai » (1), et dans ses manières. Ces étages divers se marquaient exactement dans
sa manière de saluer et de recevoir les révérences, lorsqu'on partait où qu'on arrivait. Il était admirable à recevoir différemment les saluts à la tête des lignes à l'armée
ou aux revues.

« Jamais il n'a passé devant la moindre coiffe sans sou-
lever son chapeau, je dis aux femmes de chambre, et
qu'il connaissait pour telles. Aux dames, il ôtait son
chapeau tout à fait, mais de plus ou moins loin ; aux
gens titrés, à demi, et le tenait en l'air ou à son
oreille quelques instants plus ou moins marqués. S'il
abordait des dames, il ne se couvrait qu'après les avoir
quittées...

« Exact aux heures qu'il donnait pour toute sa journée ; une précision nette et courte dans ses ordres.
Si dans les vilains temps d'hiver qu'il ne pouvait aller
dehors, qu'il passât chez Mme de Maintenon un quart
d'heure plus tôt qu'il n'en avait donné l'ordre, ce qui ne
lui arrivait guère, et que le capitaine des gardes ne s'y
trouvât pas, il ne manquait point de lui dire après, que
c'était sa faute à lui d'avoir prévenu l'heure, non
celle des capitaines des gardes de l'avoir manquée. »
(XII, 461, 462.)

Ainsi la nature et l'art avaient merveilleuse-

<hr>

(1) « A propos de ce *je verrai*, il faut que je vous raconte ce que fit
un Gascon, il y a quelques mois. C'était un officier réformé qui, dans
la dernière guerre, avait bien fait son devoir et de plus avait perdu
un bras. Il vint prier le Roi de lui accorder une pension. A son ordinaire, le Roi lui répondit : *je verrai*. L'officier lui dit : « Mais, Sire,
si j'avais dit à mon général *je verrai*, lorsqu'il m'a envoyé à l'occasion
où j'ai perdu mon bras, je l'aurais encore, et ne vous demanderais
rien. » Cela a tellement touché le Roi, qu'incontinent il lui a accordé une pension. *Lettres de la Palatine*, 18 mars 1698

ment préparé Louis XIV à ce rôle d'acteur dans la grande et perpétuelle représentation royale. Mais n'allons pas croire que ce fut là simplement un jeu de sa vanité et un amusement de son ennui. Dans l'organisation de la vie de cour telle qu'il la conçut, une profonde pensée politique inspira jusqu'au détail ; et il est aisé d'en reconstituer la théorie.

« La cour fut un autre manège de la politique du despotisme. » (XII, 452.)

D'abord la vie de cour n'était pas possible à Paris. Saint-Simon donne plusieurs raisons de l'aversion de Louis XIV pour cette ville ; les troubles de la minorité dont elle avait été le théâtre associaient son image révolutionnaire aux plus odieux souvenirs de son enfance ; il ne pouvait pardonner à cette ville de l'avoir rendue, malgré lui, témoin de ses larmes, à la première retraite de Mlle de La Vallière ; il s'y trouvait importuné de la foule du peuple, à chaque fois qu'il sortait, qu'il rentrait ; il y sentait plus vivement que partout ailleurs l'embarras des maîtresses et le danger de pousser de grands scandales au milieu d'une capitale si peuplée et si remplie de tant de différents esprits ; le goût de la promenade et de la chasse ne pouvait y être satisfait. Toutes ces raisons, jointes à l'idée de se rendre vénérable en se dérobant aux yeux de la multitude et à l'habitude d'en être vu tous les jours, fixèrent le roi à Saint-Germain après la mort de la reine-mère; et ce fut la première étape sur Versailles.

Quand il fut bien établi que le gouvernement, c'était le roi seul, et que sa volonté était le moteur unique et souverain, il se fit autour de lui un concours si empressé de la noblesse que les anciens châteaux royaux ne suffirent plus à la recevoir. En outre, il s'agissait moins de la recevoir que de la retenir ; il fallait que la cour devînt la résidence de tout ce qui comptait dans l'Etat ; et peu à peu, « le petit château de cartes » bâti par Louis XIII fit place aux immenses bâtiments de Versailles.

« Louis XIV y fit des logements infinis qu'on lui faisait sa cour de lui demander, au lieu qu'à Saint-Germain presque tout le monde avait l'incommodité d'être à la ville ; et le peu qui était logé au château y était étrangement à l'étroit. » (XII, 454.)

Ainsi le roi tenait tout le monde sous sa main et sous son œil; jamais regard ne fut plus attentif ni mémoire plus exacte.

« Il regardait à droite et à gauche à son lever, à son coucher, à ses repas, en passant dans les appartements,

dans ses jardins de Versailles ; il voyait et remarquait
tout le monde, aucun ne lui échappait, jusqu'à ceux qui
n'espéraient pas même être vus. Il distinguait très bien
en lui-même les absences de ceux qui étaient toujours
à la cour, celles des passagers qui y venaient plus ou
moins souvent ; les causes générales ou particulières de
ces absences, il les combinait, et ne perdait pas la plus
légère occasion d'agir à leur égard en conséquence.
C'était un démérite aux uns, et à tout ce qu'il y avait de
distingué, de ne faire pas de la cour son séjour ordinaire,
aux autres d'y venir rarement ; et une disgrâce sûre
pour qui n'y venait jamais. Quand il s'agissait de quelque
chose pour eux : « Je ne le connais point », répondait-il
fièrement. Sur ceux qui se présentaient rarement : « C'est
un homme que je ne vois jamais » ; et ces arrêts étaient
irrévocables. » (XII, 456, 457.)

Si abondante que fût la source des faveurs et
des grâces, elle ne pouvait suffire à tout et satisfaire ce peuple avide des courtisans. Ce fut l'art de
Louis XIV de substituer aux grâces véritables les
grâces idéales, de faire de la jalousie, des petites
préférences, des plus minces satisfactions de la
vanité un moyen de gouvernement.

Comme il excellait à « donner l'être à des riens »,
le culte de sa personne devint pour les courtisans
l'occasion d'une infinité de petites faveurs, qui ne
furent jamais dépréciées pendant plus d'un demi-
siècle. Il se montra vraiment créateur dans cette
mise en régie des infirmités humaines. On peut

lui reprocher d'avoir estimé l'homme trop peu,
et de l'avoir encore abaissé par l'exploitation de
ses travers ; on ne saurait lui dénier une péné-
tration singulière des plus intimes replis de
l'âme du courtisan et une dextérité souveraine
à préparer pour tous les mobiles des actions humaines l'occasion de donner le branle.

III

A cet organisme particulier de la cour, il faut
un moteur, et ce ne peut être que le roi. Aussi, ses
moindres actions prennent-elles l'importance
d'un fait public, d'un acte d'Etat. La journée est
réglée comme une administration ; il le faut, pour
que le mouvement des gens qui gravitent dans
l'orbite royale ne soit pas troublé et se combine
dans un ordre harmonieux. Saint-Simon s'est
rendu compte que nous n'entendrions rien nous-
mêmes à ce manège de la cour, s'il ne nous conservait le détail d'une journée royale.

A huit heures, le premier valet de chambre en
quartier, qui avait couché seul dans la chambre
du roi, au pied de son lit, l'éveillait. Le premier
chirurgien, le premier médecin entraient en même
temps, et lui rendaient leurs soins. Au quart, on
appelait le grand chambellan ; en son absence, le

premier gentilhomme de la chambre et les *grandes entrées.*

Après l'office du Saint-Esprit, on présentait au roi sa robe de chambre ; et la porte s'ouvrait pour les *secondes entrées* ; quelques moments après, pour la *chambre.* Il y avait une hiérarchie de degrés et des entrebâillements successifs de la porte, s'ouvrant à des privilégiés d'ordre divers : les grandes entrées, les secondes entrées, la chambre, puis « ce qui était là de distingué », enfin, « tout le monde ».

« Dès que le roi était habillé, il allait prier Dieu à la ruelle de son lit, où tout ce qu'il y avait de clergé se mettait à genoux, les cardinaux sans carreaux ; tous les laïques demeuraient debout, et le capitaine des gardes venait au balustre pendant la prière, d'où le roi passait dans son cabinet.

« Il y trouvait ou y était suivi de tout ce qui avait cette entrée... Il y donnait l'ordre à chacun pour la journée ; ainsi on savait, à un demi-quart d'heure près, ce que le roi devait faire.

« ... Toute la cour attendait cependant dans la galerie, le capitaine des gardes seul dans la chambre, assis à là porte du cabinet, qu'on avertissait quand le roi voulait aller à la messe et qui alors entrait dans le cabinet... Cet entretemps était celui des audiences, quand le roi en accordait, ou qu'il voulait parler à quelqu'un.

« ... Le roi allait à la messe, où sa musique chantait toujours un motet. Allant et venant de la messe, chacun lui parlait qui voulait, après l'avoir dit au capitaine

La chambre à coucher de Louis XIV, à Versailles

des gardes, si ce n'étaient gens distingués. Pendant la messe, les ministres étaient avertis et s'assemblaient dans la chambre du roi. Le roi s'asseyait peu au retour de la messe et demandait presque aussitôt le conseil ; alors la matinée était finie.

« Le dimanche, il y avait conseil d'Etat, et souvent les lundis, les mardis, conseil de finances ; les mercredis, conseil d'Etat ; les samedis, conseil de finances. Le jeudi matin était presque toujours vide. C'était le temps des audiences que le roi voulait donner ; c'était aussi le grand jour des bâtards, des bâtiments, des valets intérieurs, parce que le roi n'avait rien à faire. Le vendredi, après la messe, était le temps du confesseur, qui n'était borné par rien et qui pouvait durer jusqu'au dîner.

« Le dîner était toujours au petit couvert, c'est-à-dire seul dans sa chambre sur une table carrée, vis-à-vis la fenêtre du milieu. Il était plus ou moins abondant ; car il ordonnait le matin petit couvert ou très petit couvert ; mais ce dernier était toujours de beaucoup de plats et de trois services sans le fruit. La table entrée, les principaux courtisans entraient ; puis tout ce qui était connu, et le premier gentilhomme de la chambre en année allait avertir le roi. Il le servait, si le grand chambellan n'y était pas.

« ... Au sortir de table, le roi rentrait tout de suite dans son cabinet. C'était là un des moments de lui parler, pour des gens distingués. Il s'arrêtait à la porte un moment à écouter, puis il entrait, et très rarement l'y suivait-on, jamais sans le lui demander, et c'est ce qu'on n'osait guère. Alors il se mettait avec celui qui le suivait dans l'embrasure de la fenêtre la plus proche de la porte du cabinet, qui se fermait aussitôt, et que l'homme qui parlait au roi rouvrait lui-même pour sortir, en quittant le roi.

« Comme il était peu sensible au froid et au chaud, même à la pluie, il n'y avait que des temps extrêmes qui l'empêchassent de sortir tous les jours. Ces sorties n'avaient que trois objets : courre le cerf, au moins une fois la semaine, et souvent plusieurs, à Marly et à Fontainebleau, avec ses meutes et quelques autres ; tirer dans ses parcs, et homme en France ne tirait si juste, si adroitement, ni de si bonne grâce ; les autres jours voir travailler et se promener dans ses jardins et ses bâtiments ; quelquefois des promenades avec des dames et la collation pour elles dans la forêt de Marly et dans celle de Fontainebleau, et, dans ce dernier lieu, des promenades avec toute la cour autour du canal, qui était un spectacle magnifique, où quelques courtisans se trouvaient à cheval.

« A son retour de dehors, lui parlait qui voulait, depuis son carrosse jusqu'au bas de son petit degré... Au retour de ses promenades, il était une heure et plus dans ses cabinets ; puis passait chez Mme de Maintenon, et en chemin lui parlait encore qui voulait.

« A dix heures, il était servi. Le maître d'hôtel en quartier, ayant son bâton, allait avertir le capitaine des gardes en quartier dans l'antichambre de Mme de Maintenon, où, averti lui-même par un garde, il venait d'arriver. Le capitaine des gardes se montrait à l'entrée de la chambre, disant au roi qu'il était servi. Un quart d'heure après, le roi venait souper, toujours au grand couvert ; et, depuis l'antichambre de Mme de Maintenon jusqu'à sa table, lui parlait encore qui voulait.

« A son souper, toujours au grand couvert, avec la maison royale, c'est-à-dire uniquement les fils et filles de France et les petits-fils et petites-filles de France,

étaient toujours grand nombre de courtisans et de dames
tant assises que debout.

« Après souper, le roi se tenait quelques moments debout, le dos au balustre du pied de son lit, environné de
toute la cour ; puis avec des révérences aux dames passait dans son cabinet, où, en arrivant, il donnait l'ordre.
Il y passait un peu moins d'une heure avec ses enfants
légitimes et bâtards, ses petits-enfants légitimes et
bâtards, et leurs maris ou leurs femmes, tous dans un
cabinet, le roi dans un fauteuil, Monsieur dans un autre,
qui dans le particulier vivait avec le roi en frère, Monseigneur debout ainsi que tous les autres princes, et les
princesses sur des tabourets.

« Le roi, voulant se retirer, allait donner à manger à
ses chiens, puis donnait le bonsoir, passait dans sa
chambre à la ruelle de son lit, où il faisait sa prière
comme le matin, puis se déshabillait. Il donnait le bonsoir
d'une inclination de tête, et tandis qu'on sortait, il se
tenait debout au coin de la cheminée, où il donnait l'ordre
au colonel des gardes seul ; puis commençait le petit
coucher, où restaient les grandes et secondes entrées.
Cela était court. Ils ne sortaient que lorsqu'il se mettait
au lit. Ce moment en était un de lui parler pour ces privilégiés. Alors tous sortaient quand ils en voyaient un
attaquer le roi, qui demeurait seul avec lui. » (XIII, 88
à 98.)

L'extrême régularité de cette existence
royale, dans laquelle une large part était faite au
travail, devenait monotonie profonde et source
d'incurable ennui pour les courtisans désœuvrés
qui formaient le décor vivant de Versailles. Les

plaisirs « en foule renaissants » des premières
années du règne avaient fait place, dès la mort de
la reine, à une froide et correcte ordonnance ; on
sentait en toute chose l'inspiration de celle que
ses ennemis appelaient la Pantocrate. Le luxe, la
magnificence sont toujours extrêmes ; mais l'en-
train des premières années s'est glacé ; le plaisir
lui-même sent la contrainte.

Quand la longue journée du courtisan touche
à son terme, quand il a, durant de mortelles
heures, promené sa correcte attitude et son sourire des escaliers aux antichambres et des galeries aux jardins, il doit encore faire figure à
l'appartement.

« Ce qu'on appelait *appartement* était le concours de
toute la cour, depuis sept heures du soir jusqu'à dix que
le roi se mettait à table, dans le grand appartement,
depuis un des salons du bout de la grande galerie jusque
vers la tribune de la chapelle. D'abord, il y avait une musique ; puis des tables par toutes les pièces toutes prêtes
pour toutes sortes de jeux ; un lansquenet où Monseigneur et Monsieur jouaient toujours ; un billard ; en un
mot, liberté entière de faire des parties avec qui on voulait, et de demander des tables si elles se trouvaient
toutes remplies ; au delà du billard, il y avait une pièce
destinée aux rafraîchissements, et tout parfaitement
éclairé. Au commencement que cela fut établi, le roi y
allait et y jouait quelque temps ; mais dès lors, il y avait
longtemps qu'il n'y allait plus ; mais il voulait qu'on y
fût assidu et chacun s'empressait à lui plaire. » (I, 22.)

Recevoir, c'est se charger, pendant quelques heures, du plaisir de ses invités. Que sera-ce donc quand ce rôle de maître de maison est perpétuel, ne connaît aucun répit? En vérité, à la fin du xviie siècle, le roi tenait salon pour l'aristocratie. Il fallait à tout prix distraire et occuper l'oisiveté de cette foule élégante, devenue incapable des hautes tâches. Dans les premières années du règne, la jeunesse du prince rendait tout aisé ; sur le déclin, la dévotion, la lassitude assombrissait, paralysait tout ; l'ombre des grandes coiffes de Madame de Maintenon glaçait tous les jeux.

Le plus odieux, le moins français de tous les vices flétrissait l'âme du courtisan pendant cette fin de règne : l'hypocrisie. La Bruyère, qui avait mesuré la profondeur du mal, parle « de ces grands de la nation qui s'assemblent tous les jours, à une certaine heure, dans un temple qu'ils nomment église. Il y a au fond de ce temple un autel consacré à leur Dieu, où un prêtre célèbre des mystères qu'ils appellent saints, sacrés et redoutables. Les grands forment un vaste cercle au pied de cet autel, et paraissent debout, le dos tourné directement au prêtre et aux saints mystères et les faces élevées vers leur roi, que l'on voit à genoux sur une tribune, et à qui ils semblent avoir tout l'esprit et tout le cœur appliqués. On ne laisse pas de voir dans cet usage une espèce

de subordination : car ce peuple paraît adorer le
prince, et le prince adorer Dieu. »

Est-ce là une heureuse trouvaille de rhéteur ?
Saint-Simon conte une aventure qui va donner au
texte de La Bruyère tout son prix :

« Brissac fit un étrange tour aux dames. C'était un
homme droit, qui ne pouvait souffrir le faux. Il voyait
avec impatience toutes les tribunes bordées de dames
l'hiver, au salut, les jeudis et les dimanches, où le roi ne
manquait guère d'assister ; et presque aucune ne s'y trouvait quand on savait de bonne heure qu'il n'y viendrait
pas ; et sous prétexte de lire dans leurs Heures, elles
avaient toutes de petites bougies devant elles pour les
faire connaître et remarquer.

« Un soir que le roi devait aller au salut, tous les gardes
postés et toutes les dames placées, arrive le major vers
la fin de la prière, qui, paraissant à la tribune vide du
roi, lève son bâton et crie tout haut : « Gardes du roi,
retirez-vous, rentrez dans vos salles, le roi ne viendra
pas. »

« Aussitôt les gardes obéissent ; murmures tout bas entre
les femmes ; les petites bougies s'éteignent, et les voilà
toutes parties, excepté la duchesse de Guiche, Mme de
Dangeau et une ou deux autres qui demeurèrent. Brissac
avait posté des brigadiers aux débouchés de la chapelle
pour arrêter les gardes, qui leur firent reprendre leurs
postes sitôt que les dames furent assez loin pour ne
pouvoir pas s'en douter.

« Là-dessus arrive le roi, qui, bien étonné de ne point
voir de dames remplir les tribunes, demanda par quelle
aventure il n'y avait personne. Au sortir du salut,

Brissac lui conta ce qu'il avait fait, non sans s'espacer
sur la piété des dames de la cour. Le roi en rit beaucoup,
et tout ce qui l'accompagnait. L'histoire s'en répandit
incontinent après ; toutes ces femmes auraient voulu l'é-
trangler. » (VI, 205.)

IV

Pour que la vie fût possible dans un semblable
milieu, il fallait que le divertissement de l'esprit
fût continuel et que le plaisir ne chômât jamais.

Louis XIV subissait d'instinct, plus que nul autre, cette condition de la vie de cour. Outre qu'il
« haïssait tout ce qui était lugubre « (1), il sentait
que le plaisir était seul capable d'occuper et de
désarmer ces mille oisivetés ; mais il n'est pas
pour l'homme de plus accablant régime que celui du
plaisir obligatoire ; et ce n'était pas une des moindres corvées de Versailles que d'y tenir prêts à
toute heure et son grand habit et son sourire.
Comme, au lendemain des grandes douleurs, l'acteur étouffe souvent sa plainte personnelle pour
faire rire le parterre, et cache sous le fard la
trace des larmes, le courtisan se doit d'abord à la
représentation.

« Mme de Saint-Simon pleura amèrement la comtesse

(1) IV, 126.

de la Marck, et j'en fus fort touché (de cette mort). Cinq ou six heures après avoir appris cette mort, il fallut aller danser, Mme de Saint-Simon et sa sœur, avec les yeux gros et rouges, sans qu'aucune raison pût excuser. Le roi connaissait peu les lois de la nature et les mouvements du cœur. » (V, 110.)

Sans doute, il faut accuser la sécheresse du cœur du roi ; mais la fatalité du système le voulait ainsi. La grande féerie de la cour ne pouvait s'interrompre ni un jour, ni une heure ; dans cette machination savante, tout était réglé pour des acteurs en dehors ou au-dessus de la nature.

Monsieur vient de mourir à Saint-Cloud :

« Au sortir du dîner ordinaire, c'est-à-dire un peu après deux heures, et vingt-six heures après la mort de Monsieur, Monseigneur le duc de Bourgogne demanda au duc de Montfort s'il voulait jouer au brelan.

« Au brelan ! s'écria Montfort, dans un étonnement extrême, vous n'y songez pas ; Monsieur est encore tout chaud. » — « Pardonnez-moi, répondit le prince ; j'y songe fort bien ; mais le roi ne veut pas qu'on s'ennuie à Marly : il m'a ordonné de faire jouer tout le monde, et de peur que personne ne l'osât faire le premier, d'en donner, moi, l'exemple. » De sorte qu'ils se mirent à faire un brelan et que le salon fut bientôt rempli de tables de jeu. » (III, 167.)

En vérité, à la cour, tout est servitude : « Qui est plus esclave qu'un courtisan assidu, si ce n'est un courtisan plus assidu » (1)? La Bruyère pense à lui-même, non à ses modèles, quand il écrit : « On s'accoutume difficilement à une vie qui se passe dans une antichambre, dans les cours ou sur l'escalier. » C'est pourtant le lot du courtisan. Tout est à découvert et au grand jour ; la retraite, le mystère sont inconnus à Versailles ; on y vit les uns avec les autres et sur les autres ; l'indiscrétion, la surveillance, l'espionnage sont de tous les instants. Quand ce fou de Maulevrier devient amoureux de la duchesse de Bourgogne, à quel étrange expédient ne doit-il pas recourir, pour lui parler en public sans la compromettre et sans se perdre ?

« Il fit le malade de la poitrine, se mit au lait, fit semblant d'avoir perdu la voix, et dut être assez maître de soi pour qu'il ne lui échappât pas un mot à voix intelligible pendant un an. Le fait est que, se mettant ainsi dans la nécessité de ne parler jamais à personne qu'à l'oreille, il se donnait la liberté de parler de même à Mme la duchesse de Bourgogne devant toute la cour, sans indécence et sans soupçon que ce fût en secret. » (IV, 356.)

Le particulier de la vie, le secret, l'intime, tout ce qui lui donne son charme ou la rend supportable était banni de Versailles. Rappelons-nous les

____

(1) La Bruyère, *De la cour.*

diverses scènes du projet de mariage de Saint-Simon-Beauvilliers : le temps se perd à courir après l'un et l'autre, à déjouer les indiscrets, à chercher un coin propice au rendez-vous

« Au lever du roi, M. de Beauvilliers me dit à l'oreille, en passant, de me trouver ce même jour, à 3 h. après midi, dans le cabinet de Monseigneur le duc de Bourgogne, qui devait être alors au jeu de paume et son appartement désert. Mais il se trouve toujours des fâcheux. J'en trouvai deux, en chemin du rendez-vous, qui, étonnés de l'heure où ils me trouvaient dans ce chemin où ils ne me voyaient aucun but, m'inportunèrent de leurs questions ; je m'en débarrassai comme je pus, et j'arrivai enfin au cabinet du jeune prince »...

« Le lendemain matin, au lever du roi, M. de Beauvilliers me dit à l'oreille qu'il avait fait réflexion que Louville était homme très sûr et notre ami à tous deux, et que si je voulais lui confier notre secret, il nous deviendrait un canal très commode et très caché... Louville me procura une entrevue pour le lendemain dans ce petit salon du bout de la galerie qui touche à l'appartement de la reine et où personne ne passait, parce que cet appartement était fermé depuis la mort de Mme la Dauphine.

«... Deux jours après, M. de Beauvilliers me dit de le suivre de loin jusque dans un passage obscur entre la tribune et la galerie de l'aile neuve au bout de laquelle il logeait, et ce passage était destiné à un grand salon pour la chapelle neuve que le roi voulait bâtir. » (I, 121 à 125.)

Les logements eux-mêmes n'étaient pas une

sûre retraite pour la vie privée. L'entassement était tel à Versailles et à Marly qu'on y était les uns pour les autres une cause perpétuelle de gêne. Quand le hasard mettait quelqu'un dans le voisinage d'une turbulente personne, comme la princesse d'Harcourt, par exemple, le repos de la nuit même était compromis.

« Ses voisines à Marly disaient qu'elles ne pouvaient dormir au tapage de toutes les nuits ; et je me souviens qu'après une de ces scènes tout le monde allait voir la chambre de la duchesse de Villeroy et celle de Mme d'Espinoy, qui avaient mis leur lit tout au milieu, et qui contaient leurs veilles à tout le monde. » (IV, 58.)

Saint-Simon, désirant avoir un jour un entretien secret avec le P. Tellier, en fut réduit à s'enfermer avec lui dans son arrière-cabinet, pièce sans fenêtres, sans jour, où la conversation eut lieu en plein midi à la lueur de deux bougies.

Même dans ces conditions, la possession d'un appartement à Versailles était, de longues années durant, l'objet d'une convoitise ardente. Il fallait à tout prix rester dans le rayon de la faveur royale. Le mot de Vardes n'en dit pas assez ; loin du roi, on n'est pas seulement malheureux et ridicule, on est oublié ; on manque les occasions de fortune, on n'est plus rien.

Aussi voit-on en ce ménage ducal de Saint-Simon, disposant d'un revenu annuel de plus de cent cinquante mille livres (1), se contenter assez long-temps d'une chambre que le chancelier de Pontchartrain lui offrit dans son logement au château. Quand Mme de Saint-Simon fut nommée dame d'honneur de la duchesse de Berry, son mari obtint un appartement complet. Il nous en a laissé la description.

« Un demi-double d'abord sur le large corridor qui est vis-à-vis du grand escalier qui communique la galerie basse avec la haute ; une antichambre à deux croisées qui distribuait à droite et à gauche, où de chaque côté il y avait une chambre à deux croisées ; et un cabinet après à une croisée ; et toutes cinq pièces à cheminée ainsi que la première antichambre obscure. Tout ce demi-double obscur était coupé d'entresols, sous lesquels chaque cabinet avait un arrière-cabinet.

Cet arrière-cabinet, moins haut que le cabinet, n'avait de jour que par le cabinet même. Tout était boisé ; et ces arrière-cabinets avaient une porte et des fenêtres qui, étant fermées, ne paraissaient point du tout et laissaient croire qu'il n'y avait rien derrière. J'avais dans mon arrière-cabinet un bureau, des sièges, des livres et tout ce qu'il me fallait ; les gens fort familiers qui connaissaient cela l'appelaient *ma boutique*, et en effet cela n'y ressemblait pas mal. » (XI, 10.)

Malgré sa monotonie, et le profond ennui dont elle était imprégnée, cette vie du courtisan rendait

(1) Au moment de la mort de Mme de Saint-Simon, le revenu annuel du ménage était de 173,000 livres.

toute autre vie insupportable quand une fois on
y avait goûté ; ce qu'il y avait moralement de
pire dans cette oisiveté asservie, c'est que l'asser-
vissement devenait aimable et qu'on ne le secouait
plus. Saint-Simon en cite plus d'un exemple ;
aucun n'est plus caractéristique que celui du duc
de La Rochefoucauld.

« Si M. de La Rochefoucauld passa sa vie dans la faveur
la plus déclarée, il faut dire aussi qu'elle lui coûta cher, s'il
avait quelques sentiments de liberté. Jamais valet ne le
fut de personne avec tant d'assiduité et de bassesse, il
faut lâcher le mot, avec tant d'esclavage, et il n'est pas
aisé de comprendre qu'il s'en pût trouver un second à
soutenir plus de quarante ans d'une semblable vie. Le
lever et le coucher, les deux autres changements d'habits
tous les jours, il n'en manquait jamais, quelquefois dix
ans de suite sans découcher d'où était le roi, et sur le
pied de demander congé, non pas pour découcher (car
en plus de quarante ans il n'a jamais couché vingt fois à
Paris), mais pour aller dîner hors de la cour et ne pas
être à la promenade ; jamais malade, et sur la fin rarement
et courtement de la goutte.

«... Sur les derniers temps, ses bas amis et ses valets
abusèrent de lui pour eux et pour les leurs, et lui firent
faire au roi si souvent des demandes âpres, importunes
et si peu convenables, qu'il l'en fatigua et l'accoutuma
à le refuser, et lui à le gourmander de plaintes et de
reproches, ce qui mit un malaise entre eux, et lui donna
des pensées de retraite qui l'amusèrent et le trompèrent
longtemps.

« Sa voix était déjà fort affaiblie, elle ne lui permettait

plus de monter à cheval... Quelquefois le roi hasardait doucement de lui proposer de prendre du repos, et cela perçait le cœur au favori, qui, ne pouvant plus suivre le roi ni le servir, faute de vue, sentait qu'il lui devenait pesant de plus en plus.

« Peu écouté, presque toujours éconduit, quelquefois à force d'importuner refusé sèchement, le dépit vint au secours du courage. Il se retira, mais pitoyablement... Ses valets qui étaient ses maîtres, le voulurent à portée de le faire marcher à leur gré chez le roi, pour en arracher des grâces pour eux et tirer ce qu'il pouvait d'un reste de crédit et de bonté du roi pour lui. Ils le confinèrent au Chenil, à Versailles, où bientôt il demeura dans un entier abandon, à l'ennui et à la douleur d'un aveugle déchu de toute occupation, de toute faveur et de tout commerce. Il en fit encore quelques parties de main pour importuner le roi, dans le cabinet duquel il allait par les derrières, la plupart peu fructueuses, qui achevèrent de l'accabler. Il finit ainsi fort amèrement sa vie, entièrement en proie à ses valets, et avec peu de provisions pour se suffire. » (VII, 193.)

CHAPITRE III.

I

A partir de 1702, Saint-Simon vit exclusive-
ment de la vie de cour ; il a retrouvé son élément
naturel ; il est au centre du mouvement, des
intrigues, des affaires ; une immense pâture est
offerte à sa curiosité. Le moment est venu de
serrer de près le personnage.

Quand un homme a pris à tâche de déposer sur
son temps, et que le privilège d'un talent supérieur lui assure de survivre, comme unique
et dernier témoin peut-être, à tous les témoins
contemporains, on est en droit de lui demander ce
qu'il est et ce qu'il vaut. La vie de cour n'était
guère une école de dignité ; le caractère ne s'y
formait pas, et les meilleurs naturels s'y faussaient
rapidement. Que faut-il attendre d'un homme qui
a vécu les meilleures années de sa vie dans ce
monde artificiel ? N'en sortira-t-il point morale-

ment déformé ? Et si l'on est en présence d'un courtisan vulgaire, quelle valeur accorder à sa parole ?

Saint-Simon ne manquait point de travers ; il avait dans l'esprit de la petitesse et de la mesquinerie ; mais sa nature était droite, généreuse et fière. Ce petit homme, délicat et maigrelet, au mince filet de voix, sut dès la première heure se faire « regarder comme quelqu'un » (1). Il n'avait que vingt et un ans, lorsque, revenant de l'armée, il traversa Paris en toute hâte pour aller faire sa cour à Fontainebleau. Les mauvaises langues semèrent le bruit qu'il avait tiré avantage auprès du roi de cet empressement ; il lui aurait dit qu'il

« avait mieux aimé le venir voir, tout en arrivant, comme sa seule maîtresse, que de demeurer quelques jours relaissé à Paris, comme faisaient les jeunes gens avec les leurs. »

Saint-Simon fut mis au courant de ce méchant propos.

« A ce récit, le feu me monta au visage. Je rentrai chez le roi, où il y avait encore beaucoup de monde, devant qui je m'exhalai sur ce qui me venait d'être rapporté, et j'ajoutai que je donnerais volontiers bien de l'argent

(1) VI, 388.

pour savoir qui avait inventé et semé cette noire friponnerie, afin, quel qu'il fût, de lui en donner le démenti et force coups de bâton au bout, pour lui apprendre à calomnier d'honnêtes gens, à lui et aux faquins ses semblables.

« Je demeurai tout le jour à Fontainebleau, cherchant le monde pour répéter ces propos, et que, si un grand coquin demeurait assez caché pour échapper au châtiment, j'espérais du moins qu'il en apprendrait la menace, et qu'il l'entendrait peut-être lui-même assez pour en faire son profit, et laisser les gens d'honneur en repos.

« Ma colère et mes discours firent la nouvelle. Beaucoup de vieux seigneurs me blâmèrent d'avoir parlé si haut, en tels termes, dans la maison du roi et jusque dans son appartement. Je les laissai dire, parce qu'ils ne m'apprenaient rien que je n'eusse bien prévu ; mais de deux maux j'avais choisi le moindre, qui était une réprimande du roi, ou peut-être quelques jours de Bastille, et j'avais évité le plus grand, qui était de laisser croire la chose vraie à mon âge, et encore peu connu de la plupart du monde, et me laisser passer pour un infâme délateur de toute la jeunesse, pour faire bassement et misérablement ma cour. » (I, 381.)

Cette colère, même un peu théâtrale et bruyante, fait honneur à l'homme. « Les vieux seigneurs » sont gênés par cette exubérance d'honnêteté et témoignent par là qu'ils s'en seraient eux-mêmes gardés, fût-ce au prix d'un soupçon. Dira-t-on que c'est le héros même de l'aventure qui la raconte ; qu'il a peut-être à loisir composé son personnage, et que pour parler à la postérité, il s'est laissé aller à grossir sa voix et son geste ? Mais, ou la sincérité ne se trahit plus à l'accent, ou le récit est vrai. Cette colère est encore vraiment bouillonnante à l'heure où l'auteur écrit ; ce n'est pas une indignation de style ; on se sent en présence de l'homme chez lequel se répercute encore, après des années, le ressentiment légitime de l'outrage.

Voici un autre trait significatif. C'était en 1698 ; Saint-Simon avait vingt-trois ans.

« Etant allé voir M. de Pontchartrain dans son cabinet, après un entretien fort court et fort ordinaire, il me dit qu'il avait une grâce à me demander, mais qui lui tenait au cœur de façon à n'en vouloir pas être refusé. Je répondis comme je devais à un ministre alors dans le premier crédit et dans les premières places de son état. Il redoubla avec cette vivacité et cette grâce pleine d'esprit et de feu qu'il mettait à tout quand il voulait : que tout ce que je lui répondais était des compliments, que ce n'était point cela qu'il lui fallait, c'était parler franchement, et nettement lui accorder ce qu'il désirait passionnément et qu'il me demandait instamment ; et tout de suite il ajouta : « L'honneur de votre amitié, et que j'y puisse compter, comme je vous prie de compter sur la mienne ; car vous êtes très vrai, et si vous me l'accordez, je sais que j'en puis être assuré. »

« Ma surprise fut extrême à mon âge, et je me rabattis sur l'honneur et la disproportion d'âge et d'emplois. Il m'interrompit, et me serrant de plus en plus près, il me dit que je voyais avec quelle franchise il me parlait, que c'était tout de bon et de tout son cœur qu'il désirait et me demandait mon amitié, et qu'il me demandait réponse précise. Je supprime les choses honnêtes dont cela fut accompagné.

« Je sentis en effet qu'il me parlait fort sérieusement, et que c'était un engagement que nous allions prendre ensemble ; je pris mon parti, et après un mot de reconnaissance, d'honneur, de désir, je lui dis que pour lui répondre nettement il fallait lui avouer que j'avais une amitié qui passerait toujours devant toute autre, que c'était celle qui me liait à M. de Beauvilliers, dont je savais qu'il n'était pas ami ; mais que s'il voulait encore de mon amitié à cette condition, je serais ravi de la lui donner et comblé d'avoir la sienne.

« Dans l'instant, il m'embrassa, me dit que c'était lui parler de bonne foi, qu'il m'en estimait davantage, qu'il n'en désirait que plus ardemment mon amitié, et nous nous la promîmes l'un à l'autre. Nous nous sommes réciproquement tenu parole plénièrement. » (II, 196.)

Même en la tenant pour un peu embellie par la complaisance du narrateur, l'aventure est honorable pour Saint-Simon : ce n'est pas un petit mérite que de se signaler, à peine entré dans la vie, à la recherche d'un personnage en faveur et en place. Il y avait donc dans ce jeune homme quelque chose qui le faisait remarquer et solliciter ; c'était, semble-t-il, la vérité dans les rapports ; la sûreté dans le commerce ; mérite assez rare en tout temps, et surtout au milieu de courtisans, pour être mis en lumière.

« Vous êtes très vrai », lui disait Ponchartrain, et le mot a bien l'air d'être authentique. Il s'est évidemment imprimé dans la mémoire de Saint-Simon, et une légitime vanité lui a conservé jusque dans la vieillesse la netteté du contour. Cet éloge revient souvent à l'esprit quand on lit les *Mémoires* ; Saint-Simon n'a jamais d'allures louches ; il est intrigant sans dissimulation et sans bassesse ; la vérité nous paraît bien être chez lui la compagne naturelle de sa fierté de gentilhomme.

D'ailleurs, la fausseté ne va pas sans la contrainte ; il faut de l'empire sur soi-même pour dissimuler ; le mensonge réclame pour s'établir et se soutenir plus de calcul, d'artifice, de surveillance que la vérité. La contrainte, la possession de soi, voilà les choses que Saint-Simon a le moins connues. On en peut choisir un exemple, où s'exagère encore, par le double effet des circonstances et de la jeunesse, cette promptitude à sortir de soi et à éclater, un des traits originaux de Saint-Simon.

C'était en 1696, au moment du grand procès des ducs contre le maréchal de Luxembourg. L'avocat du maréchal, Dumont, « homme fort audacieux », s'oublia dans un de ses plaidoyers jusqu'à mettre en doute le loyalisme royal de la partie adverse.

« Il nous appliqua en propres termes ce passage de l'Ecriture : *Populus hic labiis me honorat ; cor autem eorum longe est a me* ; tandis que nous contestions si vivement le rang à sa partie, sans cesser de faire assidûment notre cour au roi. Les ducs de Montbazon, La Trémoille, Sully, Lesdiguières, Chaulnes et La Force étaient sur le banc des gens du roi, et moi assis dans la lanterne, entre les ducs de La Rochefoucauld et d'Estrées. Je m'élançai dehors, criant à l'imposture et justice de ce coquin. M. de La Rochefocauld me retint à mi-corps et me fit taire. Je m'enfonçai de dépit, plus encore contre lui que contre l'avocat. » (I, 328.)

Voilà bien l'homme, toujours prêt à jaillir de lui-même comme à s'élancer de la tribune, et qu'il faut prendre à mi-corps et retenir de force. A ces natures exubérantes et fumeuses, on peut reprocher de tout passionner, de tout grossir ; mais tout parti pris de mensonge leur est aussi étranger que le sang-froid. Cette humiliante gêne répugne à ces âmes primesautiéres et toutes d'un jet.

II

Il faut reconnaître cependant que les motifs de ces emportements, de cette mise en dehors si fréquente et si impétueuse chez Saint-Simon furent le plus souvent petits, mesquins. S'il s'échauffait pour défendre ses amis, pour repousser un soupçon outrageant, pour venger du scandale des amours de Louis XIV la morale en péril, il fit une dépense autrement considérable de passions pour satisfaire sa vanité. C'est ici le point faible du personnage, et ce défaut chez lui envahit tout. Encore avouerons-nous que de toutes les formes de la vanité, il choisit la plus frivole, la plus en l'air, la vanité du titre et du rang. Ce sentiment chez lui devint manie ; il en fut occupé, obsédé ; ce fut le point central autour duquel évoluèrent ses passions.

On le voit sans cesse attentif à disputer sur la place qui lui revient, et parfois peut-être prêt à usurper, s'il faut en croire la princesse Palatine, qui lui infligea un jour une leçon un peu vive. « J'ai une fois joliment repris un de nos ducs. Comme il se mettait à la table du roi (1), devant le prince de Deux-Ponts, je dis tout haut : « D'où

(1) Il faut entendre par là qu'il assistait debout au repas du roi.

vient que le duc de Saint-Simon presse tant le
prince de Deux-Ponts ? A-t-il envie de le prier de
prendre un de ses fils pour page ? »Tout le monde
se mit si fort à rire, qu'il fallut qu'il s'en allât. »

Saint-Simon s'est tu prudemment sur cette
aventure ; mais il se revanche en racontant avec
complaisance les luttes qu'il soutint en l'honneur
des ducs et pairs. A peine introduit à la cour, il
s'était trouvé impliqué dans le procès des ducs
contre le maréchal de Luxembourg ; malgré son
âge, vingt-cinq ans à peine, ou peut-être à cause
de cet âge même, il fut un des meneurs de l'affaire.

Plus tard, il s'attaqua aux princes de la maison
de Lorraine, dont la grandeur récente l'effrayait,
plus encore peut-être le souvenir de son grand
rôle à la fin du XVIe siècle ; les Lorrains avaient
mis le pied sur les degrés du trône et manqué de
les gravir. C'était assurément tout autre chose
que d'avoir porté et tenu proprement le cor de
Louis XIII. La maison de Lorraine était repré-
sentée à la cour par un personnage que son crédit
auprès du roi en faisait comme le chef officiel :
Louis de Lorraine, comte d'Armagnac, grand
écuyer. Suivant l'usage du temps, Saint-Simon
le désigne sous le nom de M. le Grand. Courtisan
achevé, familier du roi, redouté de tous.

« Une très noble et très belle figure, toute la galan-

terie, la danse, les exercices, les modes de son temps ;
une assiduité infatigable ; la plus basse, la plus puante,
la plus continuelle flatterie; toutes les manières et la
plus splendide magnificence du plus grand seigneur,
avec un air de grandeur naturel qu'il ne déposait jamais
avec personne, le roi seul excepté, devant lequel il savait
ramper comme par accablement de ses rayons, furent
les grâces qui charmèrent ce monarque et qui acquirent,
quarante ans durant, à ce favori toutes les distinctions
et les privances, toutes les usurpations qu'il lui plut de
tenter, toutes les grâces pour soi et pour les siens, qu'il
prit la peine de désirer...

« Jamais homme si court d'esprit ni si ignorant (autre
raison d'avoir mis le roi à son aise avec lui), instruit
pourtant de ce qui intéressait sa maison et des choses de
la Ligue, dont, avec plus d'esprit, il aurait eu l'âme fort
digne. L'usage continuel du plus grand monde et de la
cour suppléait à ce peu d'esprit, pour le langage, l'art,
et la conduite, avec la plus grande politesse, mais la
plus choisie, la plus mesurée, la moins prodiguée, et
l'entregent de captiver, quoique avec un mélange de
bassesse et de hauteur. » (XV, 337.)

Tel était l'homme avec lequel Saint-Simon entra
en conflit ; si la cause de la lutte était méprisable,
l'adversaire ne l'était pas. Une affaire de quête
mit la cour en émoi. Certains jours, à la grand'-
messe et aux vêpres, une dame de la cour quêtait
pour les pauvres ; la désignation de la quêteuse
était faite par la Dauphine, plus tard par Mme de
Maintenon ou la duchesse de Bourgogne. Les

femmes de la maison de Lorraine, attentives à tout ce qui pouvait paraître une distinction, surent habilement se dérober à la quête; honneur pour tout autre, la quête était regardée comme une corvée humiliante pour qui prétendait s'égaler aux princesses du sang. Les princesses de Lorraine « songeaient à se fabriquer un avantage de ne point quêter. »

Saint-Simon, averti, se promit bien que les duchesses deviendraient aussi adroites sur ce point que les Lorraines, et il tint parole. Mme de Montbazon, fille de M. de Bouillon, ayant été désignée pour la quête, s'excusa, feignit d'être malade, se mit au lit une demi-journée, puis alla et vint à son ordinaire. La manœuvre devint manifeste; les dames de qualité, comprenant que, de refus en refus, la quête demeurerait à elles seules, commencèrent aussi à l'éviter, « de manière qu'elle tomba en toutes sortes de mains; et quelquefois même on en manqua. » Le complot grossissait sourdement; le double refus de quêter des filles de Chamillart, duchesses l'une et l'autre, « fit crever la bombe. »

Le roi avait en horreur tout ce qui avait un air de sédition et de parti; il ordonna à M. le Grand de faire quêter sa fille, le premier jour de l'an 1704, et celui-ci fit sa cour en se soumettant de bonne grâce. Mais le roi était « très mal con-

tent des ducs » ; il avait dit à Mme de Maintenon,
d'un air de colère, « qu'il y avait deux ou trois
ducs dont il se souviendrait toujours » ; et Saint-
Simon fut averti qu'un orage grondait sur sa tête.

Il était dans son caractère de s'exposer souvent,
par ses imprudences de langage et de conduite,
aux hasards d'une disgrâce et de n'en pouvoir
supporter ni la pensée, ni surtout l'incertitude.
Peu de jours après, il attendit que le roi passât de
son dîner dans son cabinet, où il lui demanda la
permission de le suivre.

« Sans me répondre, il me fit signe d'entrer, et s'en
alla dans l'embrasure de la fenêtre. Je lui dis qu'il
m'était revenu qu'il était mécontent de moi sur la quête ;
que j'avais un si grand désir de lui plaire que je ne pouvais différer de le supplier de me permettre de lui rendre
compte de ma conduite là-dessus. A cet exorde, il prit
un air sévère, et ne répondit pas un mot.

« Il est vrai, Sire, continuai-je, que depuis que les
princesses ont refusé de quêter, je l'ai évité pour M^mè de
Saint-Simon ; j'ai désiré que les duchesses l'évitassent
aussi, et qu'il y en a que j'ai empêchées, parce que je n'ai
point cru que Votre Majesté le désirât. — Mais, interrompit le roi d'un ton de maître fâché, refuser la duchesse
de Bourgogne, c'est lui manquer de respect, c'est me
refuser moi-même ! » Je répondis que de la manière
que les quêteuses se nommaient, nous ne pensions
point que Mme la duchesse de Bourgogne y fût de part.
« Mais, Monsieur, interrompit le roi du même ton haut
et fâché, vous avez tenu des discours ! — Non, Sire, lui

dis-je, aucun. — Quoi, vous n'avez point parlé ?... »

« Et de ce ton éleve poursuivait, lorsqu'en cet endroit j'osai l'interrompre aussi, et, élevant ma voix au-dessus de la sienne : « Non, Sire, vous dis-je ; et si j'en avais tenu, je l'avouerais à Votre Majesté, tout de même que je lui avoué que j'ai évité la quête à ma femme, et que j'ai empêché les autres duchesses de l'accepter. Je vous supplie très instamment de nous faire la justice d'être persuadé que si les ducs, et moi en particulier, eussions pu penser que Votre Majesté le désirât le moins du monde, toutes se seraient empressées de le faire, et Mme de Saint-Simon, à toutes les fêtes ; et si cela n'eût pas suffi de sa part à vous témoigner mon désir de vous plaire, j'aurais moi aussi plutôt quêté dans un plat, comme un marguillier de village. Mais, Sire, continuai-je, Votre Majesté peut-elle imaginer que nous tenions aucune fonction au-dessous de nous en sa présence, et une encore que les duchesses et les princesses font tous les jours dans les paroisses et les couvents de Paris, et sans aucune difficulté ? Mais il est vrai, Sire, que les princes sont si attentifs à se former des avantages de toutes choses, qu'ils nous obligent à y prendre garde...

« Je répliquai, regardant le roi fixement, que je le suppliais encore une fois, et pour moi, et pour tous les ducs, de croire que personne ne lui était plus soumis que nous, ni plus persuadés, et moi plus qu'aucun, que nos dignités, émanant de la sienne et nos personnes remplies de ses bienfaits, il était comme roi et comme bienfaiteur de nous tous, despotiquement le maître de nos dignités, de les abaisser, de les élever, d'en faire comme d'une chose sienne et absolument dans sa main. Alors, prenant un ton tout à fait gracieux et un air tout à fait de bonté et de familiarité, il me dit à plusieurs reprises que c'était là comme il fallait penser et parler, qu'il était content de moi, et des choses pareilles et honnêtes.

« ... Je finis donc par le supplier que, lorsqu'il lui reviendrait quelque chose de moi qui ne lui plairait pas, il me fît la grâce de m'en faire avertir, si Sa Majesté ne daignait me le dire elle-même, et qu'il verrait que cette bonté serait incontinent suivie ou de ma justification, ou de mon aveu et du pardon que je lui demanderais de ma faute. » Il demeura un moment après que j'eus cessé de parler, comme attendant si je n'avais plus rien à lui dire ; il me quitta ensuite avec une petite révérence très gracieuse, en me disant que cela était bien, et qu'il était content de moi. Je me retirai en lui faisant une profonde révérence, extrêmement soulagé et content d'avoir eu le loisir de tout ce que je lui avais placé sur moi, sur les ducs, sur les princes, en particulier sur le Grand Écuyer. » (IV, 227 à 230.)

Ce mélange de franchise impétueuse et de souplesse fit impression sur le roi, dont le bon sens avait pourtant déjà deviné le point faible du personnage. « Quoi ! vous n'avez point parlé?... » Saint-Simon a beau s'en défendre, nous tenons pour le roi contre lui. Il n'y a point de petites cabales sans grande dépense de propos, et Saint-Simon n'était pas de la famille des conspirateurs silencieux.

Il tira vanité de ce succès auprès du roi et se plut à humilier du récit de son audace les vieux seigneurs, ravalés par un long usage de la cour. Le récit est joli et significatif :

« Rien n'égala la surprise et la frayeur de M. de Chevreuse, avec qui j'étais intimement, et à qui je contai
tout ; mais quand il entendit que j'avais dit au roi que
nous savions qu'il craignait toute discussion et toute décision, il recula dix pas : « Vous avez dit cela au roi, s'é-
cria-t-il, et en propres termes ? Vous êtes bien hardi ! —
Vous ne l'êtes guère, lui répondis-je, vous autres, vieux
seigneurs, qui êtes si bien et en familiarité avec lui, et
bien faibles de ne lui oser dire mot ; car s'il m'écoute,
moi, jeune homme, point accoutumé avec lui, mal d'ailleurs avec lui, et de nouveau encore plus par ceci, et si la
conversation amenée avec colère finit après de tels propos
par de la bonté et des honnêtetés, après qu'elle a duré
tant que j'ai voulu, que serait-ce de vous autres, si vous
aviez le courage de profiter de la manière dont vous êtes
avec lui, et de lui dire ce qu'il lui faudrait dire, et que
vous voyez que je lui dis non seulement impunément,
mais avec succès pour moi ! » Chevreuse fut ravi que
j'eusse parlé de la sorte ; mais il en avait encore peur. »
(IV, 232.)

III

Les princes étrangers n'étaient pas l'unique
objet des haines de Saint-Simon ; les bâtards dis-
putaient avec eux à qui lui échaufferait davantage
la bile. Il est plus aisé de justifier et d'analyser
la répulsion de Saint-Simon vis-à-vis des bâtards
que son antipathie pour les Lorrains, bien que le
ferment caché de ce double sentiment ne fût

autre chose que le respect infini, superstitieux de
la naissance et du rang.

Aux yeux de Saint-Simon, la bâtardise est un
attentat à la noblesse, dont elle corrompt et vicie
le principe dans son essence même. Cette chose
très subtile, et en apparence toute idéale, la
noblesse, se liait intimement à des réalités con-
crètes et sensibles : la filiation directe et légi_
time, la voie du sang. Par cette transfusion maté-
rielle et sacrée se communiquait également le
caractère sacro-saint de la race. La légitimité
était comme le palladium de ces droits immaté-
riels, mais que la nature seule, sous l'œil de la
loi, pouvait continuer et transmettre. La bâtardise
trouble et rompt cette harmonie ; par elle, se
transporte sur des indignes quelque chose du
caractère sacré de la noblesse.

Aussi de quelle fureur éloquente Saint-Simon
ne poursuit-il pas, jusqu'en Louis XIV, cette
profanation du principe héréditaire ! Il paraît pres-
sentir avec quelle rapidité ce venin de la bâtardise
va dissoudre le corps de l'aristocratie. Jamais
peut-être son style n'a été porté à un plus haut
degré de concentration ; jamais son impitoyable
analyse n'a scruté plus profondément, dans leurs
plus intimes retraites, les motifs secrets des actes
du roi.

« Ce mélange du plus pur sang de nos rois, et il se peut

dire hardiment de tout l'univers, avec la boue infecte du
double adultère, a donc été le constant ouvrage de toute
la vie du roi. Il a eu l'horrible satisfaction de les épuiser
ensemble, et de porter au comble un mélange inouï dans
tous les siècles, après avoir été le premier de tous les
hommes, de toutes les nations, qui ait tiré du néant les
ruits du double adultère, et qui leur ait donné l'être,
dont le monde entier, et policé et barbare, frémit d'abord
et qu'il a su y accoutumer.

« Tels furent les fruits d'un orgueil sans bornes, qui fit
toujours regarder au roi avec des yeux si différents, ses
bâtards et les princes de son sang, les enfants issus dn
trône par des générations légitimes, et qui les rappelaient
à leur tour, et les enfants sortis de ses amours. Il considéra les premiers comme les enfants de l'Etat et de la couronne, grands par là et par eux-mêmes sans lui, tandis qu'il
chérit les autres comme les enfants de sa personne qui
ne pouvaient devenir, faute d'être par eux-mêmes, par
toutes les lois, que les ouvrages de sa puissance et de
ses mains. L'orgueil et la tendresse se réunirent en leur
faveur, le plaisir superbe de la création l'augmenta sans
cesse, et fut sans cesse aiguillonné d'un regard de jalousie sur la naturelle indépendance de la grandeur des
autres sans son concours.

« Piqué de n'oser égaler la nature, il approcha du
moins ses bâtards des princes du sang par tout ce qu'il
leur donna d'abord d'établissements et de rangs. Il tâcha
ensuite de les confondre ensemble par des mariages inouïs,
monstrueux, multipliés, pour n'en faire qu'une seule et
même famille. Le fils unique de son unique frère y fut enfin immolé aussi avec la plus ouverte violence. Après,
devenu plus hardi à force de crans redoublés, il mit
une égalité parfaite entre ses bâtards et les princes du

sang. Enfin, près de mourir, il s'abandonna à leur en donner le nom et le droit de succéder à la couronne, comme s'il eût pu en disposer, et faire les hommes ce qu'ils ne sont pas *de naissance.* » (XIII, 72.)

Voilà le mot, en effet, qui résume tout, qui porte condamnation de ces manœuvres pleines de péril et d'impudeur : la *naissance*, cette chose que rien ne saurait ni remplacer, ni donner, ni affaiblir ; le principe même de la noblesse, méconnu, faussé, à jamais vicié par celui qui devait en être l'incorruptible défenseur.

Produit d'un trouble moral, la bâtardise troublait par ses effets l'ordre nobiliaire tout entier. Le rang attribué aux princes légitimés bouleversait l'antique économie des hautes digintés du royaume; les pairs eux-mêmes en étaient diminués; Saint-Simon était, en personne, blessé au cœur.

Sans doute, à la fin du xviie siècle déjà, l'institution des pairs n'était plus qu'une parure de cour. Derrière une façade encore somptueuse, cet antique monument ne cachait que des ruines. Mais l'esprit de Saint-Simon était naturellement orienté vers le passé ; il avait fait des temps féodaux sa patrie intellectuelle, et il prêtait aux mots et aux choses d'autrefois un rajeunissement inattendu. Non, ce ne pouvait être en vain que, de son temps encore, un pair portât au sacre des rois le manteau violet doublé d'hermine fleurdelisée, et ceignît son front de la couronne ducale, formée d'un cercle d'or enrichi de pierreries, rehaussée de huit fleurons d'or. C'était bien la descendance des douze pairs de Charlemagne que ces personnages de théâtre; les juges de Jean-sans-Terre avaient transmis à Saint-Simon quelque chose de la conscience de leur grandeur.

Or, cette dignité éminente de la pairie se trouva un jour atteinte et diminuée par la bâtardise. Les pairs avaient leur place au Parlement immédiatement à la suite des princes du sang. Dans les lits de justice, sur les hautes banquettes à la droite du roi siégeaient les princes du sang; à leur suite, les pairs laïques; sur les banquettes de gauche, les pairs ecclésiastiques et les maréchaux de France. Une inspiration de courtisan du premier président de Harlay jeta la confusion dans ce bel ordre consacré par l'usage et auquel tant de vanité s'attachait.

« Harlay fit entendre à M. du Maine qu'il ne ferait jamais rien de solide qu'en mettant les princes du sang hors d'intérêt et en leur en donnant un de soutenir ce qui serait fait en sa faveur ; que pour cela il fallait toujours laisser une différence entière entre les distinctions que le Parlement faisait aux princes du sang et celles qu'on lui accorderait *au-dessus des pairs*, et former ainsi *un rang intermédiaire* qui ne blessât point les princes du sang, et qui au contraire les engageât à les maintenir dans tous les temps, par l'intérêt de se conserver *un entre-deux entre eux et les pairs.* »

Voici les moyens ; ils sont au nombre de six (1) :

« 1º Pour cela, il fallait donner à M. du Maine la *préséance* sur tous les pairs et les forcer à se trouver à l'enregistrement de la déclaration projetée et à sa réception en conséquence qui se devait faire tout de suite ; 2º lui *donner le bonnet,* comme aux princes du sang, qui, depuis longtemps, ne l'est plus aux pairs ; 3º mais lui *faire prêter le même serment des pairs,* sans aucune différence de la forme et du cérémonial, pour en laisser une entière à l'avantage des princes du sang qui n'en prêtent point ; 4º pareillement, *le faire entrer et sortir de séance tout comme les pairs,* au lieu que les princes du sang traversent le parquet ; 5º *l'appeler par son nom,* comme les autres pairs, en lui demandant son avis ; mais avec le bonnet à la main un peu moins baissé que pour les princes du sang, qui ne sont que regardés sans être nommés ; 6º enfin le *faire recevoir* et *conduire* au carrosse par un seul huissier, à chaque fois qu'il viendra au Parlement, à la différence des princes du sang qui le sont par deux, et des pairs dont aucun n'est reçu par un huissier au carrosse que le jour de sa réception, et qui sortant de séance deux à deux, sont conduits par un huissier jusqu'à la sortie de la grande salle seulement.

« M. du Maine fut extrêmement satisfait de tant de dis-

(1) Les numéros que nous mettons ici ne sont point dans le texte. Nous les ajoutons pour fixer l'attention du lecteur sur le détail de ces minuties, qui ont une si grande importance pour bien pénétrer Saint-Simon.

tinctions *au-dessus des pairs*, et d'être si rapproché de celles des princes du sang sans courir le risque de les blesser. » (I, 172.)

Tel était ce fameux *rang intermédiaire*, dont la vanité de Saint-Simon eut tant à souffrir. Il voyait s'interposer entre les princes du sang et les pairs ce groupe odieux des bâtards, les pairs reculer loin de la personne royale pour faire place à ces intrus, et la fierté du rang légitime s'humilier devant les « produits de l'adultère. » Cette blessure ne se ferma jamais ; le duc du Maine resta toujours à ses yeux une façon d'ennemi particulier ; mais sa haine ne se donna libre carrière que le jour où le duc lui apparut, sous la Régence, comme une menace pour le bien public et la dignité de l'Etat lui-même.

Pendant les dernières années du règne de Louis XIV, c'est surtout à Vendôme que Saint-Simon s'attaqua ; il poursuivait ainsi la bâtardise jusque dans ses plus vieux rameaux ; l'arrière-petit-fils de Henri IV, même réhabilité par la victoire, ne trouva pas grâce devant lui. Pour Vendôme, le cas se compliquait encore d'une haine de parti, des furieuses rivalités qui agitaient la cour et retentissaient jusqu'à l'armée. Dans cette mêlée des passions et des intérêts, Saint-Simon va se faire un rôle et jouer quelque temps un personnage.

IV

Au printemps de 1708, Louis XIV, décidé à prendre l'offensive vers le Nord, avait envoyé à l'armée le duc de Bourgogne, qui devait agir avec Vendôme. Vendôme était le véritable chef de l'armée dont le duc de Bourgogne avait le commandement nominal.

Il était impossible d'imaginer, pour les associer, deux hommes plus dissemblables, d'un génie plus opposé. Vendôme avait quelques-unes des parties supérieures de l'homme de guerre : la netteté du coup d'œil au milieu de l'action, la soudaineté de la conception en plein péril, une vision d'autant plus pénétrante que la confusion de la mêlée semblait devoir tout obscurcir. Adoré du soldat, il tenait l'armée sous son action, et pouvait tout exiger d'elle. Mais sa mollesse naturelle, sa négligence systématique, son dédain des règles, son insouciance à préparer les rencontres décisives, l'exposaient souvent à des mésaventures dont une inspiration soudaine parvenait seule à corriger les funestes effets. Le cynisme de ses mœurs en faisait un sujet d'étonnement pour les moins scrupuleux et d'horreur pour les dévots.

Le duc de Bourgogne avait déjà fait bonne

figure à l'armée, sans rien avoir des qualités du
général. Il aurait fallu que son tuteur devant
l'ennemi gagnât sa confiance, au moins par les
dehors du respect, et son estime par la dignité
de sa vie. Cette habileté et cette honnêteté firent
défaut à Vendôme, et l'entourage du jeune prince
se plut à grossir et à multiplier les causes de conflit. La défaite d'Oudenarde, la retraite qui suivit, et le siège de Lille furent les résultats de ce
défaut d'entente. L'armée se divisa en *Bourguignons*
et *Vendômistes*, et la cour prit feu comme l'armée.

Les éléments de la cabale de la cour étaient
prêts depuis longtemps, lorsque les événements
de Flandre lui fournirent l'occasion d'éclater.
C'était trop, près de Louis XIV, de deux héritiers
présomptifs, Monseigneur et le duc de Bourgogne, alors surtout que la tendresse paternelle
n'avait jamais adouci des uns aux autres l'âpreté
secrète des convoitises et tempéré la cruauté des
espérances. Il y avait déjà à côté du roi deux
foyers d'intrigues, deux officines secrètes et
laborieuses d'ambitions, de projets, de plans de
réforme ou de fortune.

Le Grand Dauphin avait vieilli dans l'attente
silencieuse et déprimée du jour qui le ferait roi.

« Mme la duchesse de Bourgogne étant allée voir
Mlle Choin à Meudon, elle monta dans le sanctuaire de
son entresol, suivie de Mme de Nogaret ; elles y trouvèrent

Monseigneur avec Mlle Choin, Mme la duchesse et les deux
Lislebonne, fort occupés à une table sur laquelle était un
grand livre d'estampes du sacre, et Monseigneur fort appliqué à les considérer, à les expliquer à la compagnie,
et recevant avec complaisance les propos qui le regardaient là-dessus, jusqu'à lui dire : « Voilà donc celui qui
vous mettra les éperons, cet autre le manteau royal, les
pairs qui vous mettront la couronne sur la tête », et ainsi
du reste, et que cela dura fort longtemps. » (IX, 138.)

Mais ces éclairs d'ambition furtive s'éteignaient
dès que le prince abandonnait l'abri de la vie
privée. Il ne se remit jamais de la terreur que le
roi lui inspirait et se plaisait à entretenir. Le spectacle même de la faveur des bâtards, dont il
était le témoin intime, quotidien, ne réussissait
pas à l'émoustiller, ne « l'élargissait pas. »

« De caractère, il n'en avait aucun ; du sens, assez,
sans aucune sorte d'esprit ; de la hauteur, de la dignité
par nature, par prestance, par imitation du roi ; de l'o-
piniâtreté sans mesure, et un tissu de petitesses arran-
gées qui formaient tout le tissu de sa vie ; doux par
paresse et par une sorte de stupidité ; dur au fond, avec
un extérieur de bonté qui ne portait que sur des subal-
ternes et sur des valets,... silencieux à l'incroyable, conséquemment fort secret. » (IX, 132.)

L'imitation, le désœuvrement, le besoin de se
créer dans la vie de représentation ouverte à tous
un particulier où l'homme se retrouvât avaient

Le Grand Dauphin.

conduit le Grand Dauphin à cette union secrète
avec Mlle Choin, contrefaçon sans originalité,
copie terne, sans grandeur et sans éclat, du
ménage royal. Un attachement incompréhensible
avait élevé à la dignité de sous-Maintenon
Mlle Choin.

« Grosse camarde brune, qui avec toute la physionomie
d'esprit et aussi de jeu, n'avait l'air que d'une servante,
et qui longtemps avant cet événement-ci (la mort de Monseigneur) était devenue excessivement grasse et encore
vieille et puante. Mais de la voir aux *parvulo* de Meudon,
dans un fauteuil devant Monseigneur, en présence de
tout ce qui y était admis, Mme la duchesse de Bourgogne
et Mme la duchesse de Berry, qui y fut tôt introduite,
chacune sur un tabouret, dire devant Monseigneur et tout
cet intérieur « la duchesse de Bourgogne, » et « la duchesse du Berry, » et « le duc de Berry, » en parlant
d'eux, répondre souvent aux deux filles de la maison, les
reprendre, trouver à redire à leur ajustement, et quelquefois à leur air et à leur conduite, et le leur dire, on
a peine à tout cela à ne pas reconnaître la belle-mère et
la parité avec Mme de Maintenon. » (IX, 133.)

L'infranchissable barrière qui séparait le Dauphin du roi s'élevait, non moins haute, entre le
Dauphin et le duc de Bourgogne. Monseigneur n'a-
vait ni assez de sens ni assez de cœur pour appliquer à son fils un autre régime que celui qui l'acca-
blait lui-même. Comme avec son père, il y avait

entre le duc de Bourgogne et lui l'ombre glaciale d'un trône.

L'opposition des caractères s'ajoutait encore à l'antipathie fatale née du principe de succession. Les mœurs du duc de Bourgogne, sa piété, son application à s'instruire, ses talents, son esprit étaient autant de démérites aux yeux de sonpère. Meudon devint aisément un centre d'intrigues dirigées contre le duc de Bourgogne. Le prince de Vaudemont et ses nièces qui y régnaient, avaient pris parti pour Vendôme; Chamillart était leur instrument.

Le prince autour duquel s'agitaient tant de passions, était encore pour la plupart une vivante énigme. Sorti vainqueur d'une lutte contre les penchants d'une nature emportée, chef-d'œuvre de l'éducation d'un précepteur incomparable, il semblait sur le point de verser du côté où l'inclinait une dévotion sincère, mais étroite ; la piété l'avait transformé autrefois, et par une reconnaissance indiscrète et sans mesure, il avait l'air d'attendre d'elle seule les lumières pour le gouvernement. Nul n'a pénétré plus avant que Saint-Simon dans la connaissance de ce personnage :

« Mgr le duc de Bourgogne était né avec un naturel à faire trembler. Il était fougueux jusqu'à vouloir briser ses pendules lorsqu'elles sonnaient l'heure qui l'appelait à ce qu'il ne voulait pas, et jusqu'à s'emporter de la plus étrange manière contre la pluie lorsqu'elle s'opposait à ce qu'il voulait faire. La résistance le mettait en fureur, c'est ce dont j'ai été souvent témoin dans sa première jeunesse.

« D'ailleurs, un goût ardent le portait à tout ce qui est défendu au corps et à l'esprit. Sa raillerie était d'autant plus cruelle qu'elle étai t plus spirituelle et plus salée, et qu'il attrapait tous les ridicules avec justesse.

« Tout cela était aiguisé par une vivacité de corps et d'esprit qui allait à l'impétuosité, et qui ne lui permit jamais, dans ces premiers temps, d'apprendre rien qu'en faisant deux choses à la fois. Tout ce qui est plaisir, il l'aimait avec une passion violente, et tout cela avec plus d'orgueil et de hauteur qu'on n'en peut exprimer ; dangereux de plus à discerner et gens et choses, et à apercevoir le faible d'un raisonnement et à raisonner plus fortement et plus profondément que ses maîtres.

Mais aussi dès que l'emportement était passé, la raison le saisissait et surnageait à tout ; il sentait ses fautes, il les avouait, et quelquefois avec tant de dépit, qu'il rappelait la fureur. Un esprit vif, actif, perçant, se roidissant contre les difficultés, à la lettre transcendant en tout genre. Le prodige est qu'en très peu de temps la dévotion et la grâce en firent un autre homme, et changèrent tant et de si redoutables défauts en vertus parfaitement contraires. » (VIII, 205.)

Oui, la piété retourna cette nature au point de la rendre tout autre; peut-être même la retourna-t-elle trop complètement, jusqu'à la rendre méconnaissable. Il est nécessaire en effet de faire souvent résonner à son oreille le mot de Saint-

Simon : « un esprit vif, actif, perçant,... à la lettre
transcendant en tout genre », pour ne pas méconn-
naître le duc de Bourgogne à vingt-six ans. Lors de
la fameuse campagne de Flandre, Fénelon se fit
l'écho des plaintes publiques dans une lettre au
duc de Bourgogne, également honorable pour les
deux correspondants.

« 1° On dit que vous êtes trop particulier, trop renfermé,
trop borné à un petit nombre de gens qui vous obsèdent.

« Il faut avouer que je vous ai toujours vu, dans votre
enfance, aimant à être en particulier, et ne vous accom-
modant pas des visages nouveaux... Il peut se faire
qu'il y ait encore dans votre fond quelque chose de ce
goût-là....

« 2° On dit que vous écoutez trop des personnes sans
expérience, d'un génie borné, d'un caractère faiblé et
timide ; on va jusqu'à les accuser de manquer de courage.... Il faut un peu proportionner les marques de
confiance à la réputation publique.....

« 3° On dit qu'étant sérieux et renfermé, vous perdez
néanmoins du temps pour les choses les plus sérieuses
par un peu de badinage qui n'est plus de saison, et que
les gens de guerre n'approuvent pas. Si vous avez besoin
d'un certain enjouement pour vous délasser l'esprit, tâchez
de le proportionner aux bienséances de votre âge et à la
grande fonction que vous remplissez.

« 4° On dit que vos délibérations ne sont pas assez secrètes ; que vous prenez peu de précautions pour les
cacher et que les ennemis mêmes sont facilement informés
de vos desseins...

« Il faut néanmoins, Monseigneur, vous dire que le public vous estime, vous respecte, attend de grands biens de vous, et sera ravi qu'on lui montre que vous n'avez aucun tort. Il croit seulement que vous avez une dévotion sombre, timide, scrupuleuse, et qui n'est pas assez proportionnée à votre place (1).... »

Saint-Simon parle avec plus d'abondance, mais dans le même sens, comme s'il eût brodé sur le canevas de l'ancien précepteur. En outre, comme il ne juge pas un fait particulier de la vie du duc de Bourgogne, qu'il prétend au contraire lui tracer un plan de conduite et de gouvernement, il met plus d'ampleur dans ses développements, de portée dans ses critiques, de précision dans ses conseils.

Qu'était donc ce prince, dans ses apparentes contradictions, comme ballotté sans cesse de la médiocrité aux dons supérieurs de l'esprit et du caractère ? A le bien entendre, Saint-Simon ne fait de réserves que sur deux points, touchés déjà avec insistance par Fénelon : « le duc de Bourgogne est trop particulier, trop renfermé » ; — sa dévotion manque de lumière et sa vertu de sourires.

Saint-Simon accorde au jeune prince les plus grands talents.

(1) Lettre de Fénelon, du 24 sept. 1708.

« Un esprit vif, vaste, juste, appliqué, pénétrant, laborieux, naturellement porté aux sciences difficiles, curieux de tout rechercher et plein de bonne foi en ses recherches. » (VIII, 175.)

Mais ce même homme se laisse retenir au delà du temps légitime dans la douceur des études ; il doit se tenir en garde contre l'attrait des sciences,

« porter sa curiosité et son application à ces autres choses pour lesquelles il est né et pour lesquelles seules il a dû s'instruire. C'est un ouvrier qui, ayant un ouvrage de main à exécuter, s'est fait lui-même tous les outils, tous les instruments dont il peut avoir besoin pour travailler à son ouvrage, auquel il doit se mettre sans délai, sitôt qu'il s'est fourni de tout ce dont il avait affaire, et qui différerait vainement et nuisiblement de travailler, si, ayant achevé tous ses outils, il voulait encore s'en faire d'autres semblables, sans qu'il en eût de nécessité. » (VIII, 180.)

Cet ouvrage pour lequel il s'est formé, c'est la science du gouvernement, la connaissance des hommes. A vingt-huit ans, l'heure est venue de s'y appliquer. Qu'il donne moins de temps au cabinet et davantage à la vie publique ; qu'il se mêle au courant de la vie commune ; qu'il discoure et fasse discourir ; qu'il s'instruise par le commerce direct des personnes, la vue des réalités, la pratique même des choses.

Connaître les hommes et se faire connaître aux

hommes, voilà le double devoir qui s'impose au prince. L'idée que le peuple se fait d'un prince est grosse parfois d'un enchaînement d'effets heureux ou funestes ; et le peuple est prévenu contre la dévotion du duc de Bourgogne.

C'était bien en effet le principe essentiel de cette vie, et en même temps que sa force, son germe morbide. Par la piété, le duc s'était reconquis sur les instincts emportés de sa nature ; mais il était devenu l'esclave de ce libérateur. On se préoccupait de voir cette vertu farouche, dénuée de grâce et de douceur ; on eût voulu la voir

« affranchie de ces rides austères, de ces presque invocontaires froncements, de cette gêne de précisions qui ne sont pas la vertu, et qui, entées sur elle, font tout fuir en sa présence. » (VIII, 199.)

Même aux yeux de Louis XIV, vieilli et converti, la piété du duc de Bourgogne était un objet de surprise et de déplaisir. L'aïeul ne se retrouvait pas dans ce jeune moine, dont rien ne pouvait entamer la résistance, quand la religion était en jeu.

« Nous étions à Marly, où il y eut un bal le jour des Rois ; Mgr le duc de Bourgogne n'y voulut seulement pas paraître, et s'en laissa entendre assez tôt, pour que le roi qui le trouva mauvais, eût le temps de lui en parler,

d'abord en plaisanterie, puis plus amèrement, enfin en
sérieux et piqué de se voir condamné par son petit-fils.

« Mme la duchesse de Bourgogne, ses dames, M. de Beauvilliers même, jamais on n'en put venir à bout. Il se ren-
ferma à dire que le roi était le maître, qu'il ne prenait
pas la liberté de blâmer rien de ce qu'il faisait, mais que
l'Epiphanie étant une triple fête, et celle des chrétiens en
particulier par la vocation des gentils, et par le baptéme
de Jésus-Christ, il ne croyait pas devoir la profaner en
se détournant de l'application qu'il devait à un si saint
jour, pour un spectacle tout au plus supportable un jour
ordinaire.

« On eut beau lui présenter qu'ayant donné la matinée
et l'après-dinée aux offices de l'Eglise et d'autres heures
encore à la prière dans son cabinet, il en pouvait et
devait donner la soirée au respect et à la complaisance
de sujet et de fils : tout fut inutile, et, hors le temps de
souper avec le roi, il fut enfermé tout le soir seul dans
son cabinet. » (VIII, 207.)

Tel était ce « littéral » que lui reproche Saint-
Simon, bien fait pour préoccuper par ses conséquences chez un futur roi. Il y avait pourtant,
dans cette vie si réglée, si particulière, si précise,
des heures de détente ; et la détente se produisait
excessive, puérile. Saint-Simon en rend raison
avec une sagacité supérieure :

« Il ressemblait fort à ces jeunes séminaristes qui,
gênés tout le jour par l'entraînement de leurs exercices,
s'en dédommagent à la récréation par tout le bruit et
toutes les puérilités qu'ils peuvent, parce que toute autre

chose de plaisir est interdite dans leurs maisons. Le jeune prince était passionnément amoureux de Mme la duchesse de Bourgogne ; il s'y livrait en homme sévèrement retenu sur toute autre, et toutefois s'amusait avec les jeunes dames de leurs particuliers, souvent en séminariste en récréation, elles en jeunesse étourdie et audacieuse. » (VIII, 208.)

Par là s'explique aussi la puérilité de ces amusements, que Fénelon blâme sans les rappeler et que Saint-Simon précise :

« Je gémis sans cesse de voir encore des mouches étouffées dans l'huile, des grains de raisins écrasés en rêvant, des crapauds crevés avec de la poudre, des bagatelles de mécaniques..... Plus ces bagatelles sont petites et paraissent innocentes, plus elles blessent profondément. » (VIII, 185.)

Il n'y avait donc pas seulement dans la dévotion du prince cet accompagnement d'austérité,

« qui pourrait être comparée à quelque petite âpreté d'un fruit très délicieux. » (VIII, 195.)

Chose plus grave peut-être, sa dévotion trompait par des petitesses et des mesquineries ce besoin de s'amuser naturel à tout homme ; comme si l'enfance du prince, trop tôt contenue par le sentiment du rang, l'influence religieuse, les devoirs d'une instruction très poussée, s'était engloutie pour

se continuer souterrainement et se trahir plus
tard, en pleine virilité, par de brusques, sur
prenantes et ridicules échappées.

Saint-Simon avait étudié à fond le duc de Bourgogne. Comme ce prince fut, pendant quelques
années, le point central de toutes ses espérances,
de ses combinaisons d'avenir, de ses soucis de
bon citoyen, il y avait pour lui un intérêt de
premier ordre à le bien connaître.

Son regard, qui voyait si clairement au premier
coup d'œil, acquérait une sorte de clairvoyance
divinatrice quand il se fixait longtemps sur un
même objet. Les entretiens avec le duc de Beauvilliers ramenaient fréquemment ce sujet de prédi-
lection; et Beauvilliers ne crut pouvoir mieux faire
que de demander à Saint-Simon une sorte de consultation écrite sur leur héros. C'est ce document
d'un intérêt capital que Saint-Simon intitule « *Discours sur Monseigneur le duc de Bourgogne, 25 mai
1710,* » et qu'il a inséré, comme une sorte de
pièce authentique, dans le texte même de ses
Mémoires (1).

Comme la vérité historique n'est qu'une
moyenne d'opinions parfois en conflit et une
impression d'ensemble, il faut prendre comme
mesure de notre estime pour le duc de Bour-

(1) VIII, 175 à 205.

gogne le sentiment moyen de Saint-Simon ; et il se traduit par l'admiration, la confiance, l'espoir.

« Qu'il paraisse donc, s'écrie-t-il, tout ce que véritablement il est. » (VIII, 204.)

Un jour vint où ces rides du caractère du duc de Bourgogne s'effacèrent ; sa physionomie s'ouvrit et son naturel parut s'épanouir. On eût dit que les conseils du *Discours* étaient suivis de point en point. Comme en chrysalide jusqu'alors, il ne fallut au jeune prince pour dépouiller le vieil état que l'occasion de la mort de Monseigneur. Le nouveau Dauphin se sentit tout à coup comme allégé d'un poids qui l'oppressait, et surélevé par le sentiment des responsabilités nouvelles. Le monde, qu'il avait eu en horreur, ne l'effraya plus ; la timidité, qui avait paralysé ses facultés, fit place à une aisance pleine de grâce ; sa conversation, détournée des futilités habituelles, s'élargit, se varia, et toucha sans effort aux plus graves sujets. Un changement aussi profond, aussi soudain fit

« tout à la fois ouvrir les yeux, les oreilles et les cœurs. » (IX, 302.)

« On vit ce prince timide, sauvage, concentré, cette vertu précise, ce savoir déplacé, cet homme engoncé, étranger dans sa maison, contraint de tout, embarrassé partout ; on le vit, dis-je, se montrer par degré et se déployer peu à peu, se donner au monde avec mesure, y être libre, majestueux, gai, agréable, présider au cercle rassemblé autour de lui comme la divinité du temple qui sent et qui reçoit avec bonté les hommages des mortels auxquels il est accoutumé, et les récompenser de ses douces influences. » (IX, 301.)

La transformation tenait du miracle, et l'opinion publique fut emportée à son tour « dans un impétueux tourbillon » de sympathie inattendue.

« La joie publique faisait qu'on ne pouvait s'en taire, et qu'on se demandait les uns aux autres si c'était bien là le même homme, et si ce qu'on voyait était songe ou réalité. » (IX, 302.)

Alors tout l'excellent de l'éducation du jeune prince parut au jour : son esprit se révéla juste, nourri, se répandant avec une sorte d'éloquence naturelle, sans recherche et sans apprêts. On admira ce nouveau venu,

« gracieux partout, plein d'attention au rang, à la naissance, à l'âge, à l'acquit de chacun..... grave, mais sans rides, et en même temps gai et aisé. » (IX, 302.)

Le crépuscule de cette fin de règne se colora tout à coup des plus charmantes teintes de l'aurore ; tous les cœurs saluèrent, avec l'intime chaleur de l'espérance,

« ce maître futur, si capable de l'être par son fonds et par l'usage qu'il montrait qu'il en saurait faire. » (IX, 302.)

V

Saint-Simon se jeta dans la cabale, en pleine mêlée, avec l'ardeur de sa nature honnête et fougueuse. Pendant le siège de Lille, à un moment où il semblait encore possible que Vendôme secourût la ville et la délivrât par une bataille heureuse, il ouvrit un pari, affirmant que Vendôme ne tenterait rien pour dégager la frontière.

« La patience m'échappa tout d'un coup, et je proposai à Cani, que j'interrompis, de parier quatre pistoles qu'il n'y aurait point de combat et que Lille serait pris et point secouru. Grand bruit, parmi ce peu que nous étions, d'une proposition si étrange, et force questions des raisons qui m'y pouvaient porter. Je n'avais garde de leur dire la véritable ; je répondis froidement que c'était mon opinion. » (VI, 387.)

Cet acte d'audace fit grand bruit. Les ennemis de Saint-Simon (et il n'en manquait pas) n'eurent garde de laisser tomber un propos aussi imprudent. Les Lorrains, M. du Maine, M. le duc et Mme la duchesse d'Antin ne se gênaient point pour l'accuser

« d'improuver tout, d'être mécontent et de se délecter de tous les mauvais succès. »

Ces propos furent soigneusement portés jusqu'au roi, et Saint-Simon tomba en disgrâce sans le savoir ; il ne s'en douta que quelque temps après.

Il se sentait pourtant dans une atmosphère hostile ; ses amis eux-mêmes jugeaient prudent de le contenir. La duchesse de Bourgogne avertissait en confidence Mme de Saint-Simon.

« Elle lui dit que j'avais des ennemis puissants, et en nombre, qui ne perdaient point d'occasions de me nuire ; qu'on avait extrêmement grossi au roi mon attachement à ma dignité ; que le roi avait conçu une grande opposition pour moi, que le temps seul et une conduite fort sage et fort réservée pouvait diminuer ; que l'on disait que j'avais beaucoup plus d'esprit, de connaissances et de vues que l'ordinaire des gens, que chacun me craignait et avait attention à moi, qu'on me voyait lié à tous les gens en place, qu'on redoutait que j'y arrivasse moi-même, et qu'on ne pouvait souffrir ma hauteur et ma liberté à m'expliquer sur les gens et sur les choses d'une façon à emporter la pièce, que ma réputation de probité rendait encore plus pesante. » (VII, 330.)

Saint-Simon eut alors un curieux accès de misanthropie de courtisan ; ce milieu d'intrigues féroces lui fut en horreur ; il ne vit de satisfaction que dans une vie de retraite ; il était impatient « d'aller respirer chez lui un air plus sain et plus tranquille. » Aussi bien, le dernier trait dont on l'avait piqué était-il vraiment empoisonné : ne l'avait-on pas accusé de

« tomber sur le duc de Bourgogne plus rudement que personne ? » (VI, 420.)

Cet attentat d'impudence le trouva sans force.
Il parut mesurer un moment, jusque dans ses
dernières profondeurs, cet abîme de méchancetés calculées et de savantes calomnies de la
vie de cour ; il en éprouva un dégoût extrême et
prit le parti de l'abandonner à jamais.

Sans doute il était sincère ; il cacha son dépit
et pansa ses blessures à la Ferté-Vidame ; mais on
imagine aisément le désarroi de cet esprit, affolé
du besoin de voir, et privé de ce spectacle de la
cour qui, durant sept années consécutives, l'avait
enchanté. Heureusement pour Saint-Simon et
pour nous, cet ensevelissement à la Ferté dura
peu ; une lettre obligeante de l'évêque de Chartres, datée de Saint-Cyr, l'avertit

« qu'on lui avait rendu les plus mauvais offices du monde
auprès du roi et de Mme de Maintenon, et qui avaient
pris. » (VI, 447.)

Il suffit d'un chiffon de papier pour que tant
de beaux projets de réclusion s'évanouissent ;
le courtisan et le curieux n'étaient pas morts,
à peine assoupis. Le simple froissement d'une
lettre où il était parlé du roi et de disgrâce suffit
à le réveiller, à le remettre sur pied.

« Je ne demeurai pas longtemps à la Ferté, »

dit notre auteur, et la cour le ressaisit d'une étreinte plus forte que jamais.

« De cette affaire-là, j'en fus noyé plus d'un an. » (VI, 448.)

Saint-Simon fut privé des Marly, tenu en disgrâce, et sa présence à la cour ne faisait qu'aviver davantage le sentiment de cette défaveur. Aussi le petit billet par lequel Maréchal, chirurgien du roi, lui annonça, le 30 décembre 1709, qu'il avait obtenu pour lui une audience royale, fut-il accueilli comme un gage inespéré du retour de la fortune.

« Maréchal m'assura qu'il avait bien senti de l'éloignement dans le roi, mais nulle colère, et me dit qu'il espérait que j'aurais une audience particulière et tranquille ; que je lui expliquasse bien tous mes faits une bonne fois, et que je ne craignisse point d'être trop long ; qu'il me conseillait de lui parler avec franchise et liberté et de mêler une sorte d'amitié dans mes respects ; que du reste je me présentasse devant lui avec assiduité, pour lui donner lieu de choisir son temps de me parler. » (VII, 444.)

Saint-Simon a donné un récit complet de l'audience qu'il obtint du roi. Le résultat passa son espérance ; il réussit à dissiper les préventions, à éteindre le ressentiment. Il faut retenir de ce

récit détaillé un enseignement : c'était la seconde
fois que Saint-Simon s'expliquait devant le roi ;
à deux reprises, ces entretiens n'avaient été
ménagés que pour une justification ; à deux reprises, le roi fut reconquis.

Il nous paraît que ce double résultat honore
infiniment le prince. L'engouement de la toute-
puissance, que Saint-Simon lui reproche souvent,
n'éteignit jamais chez lui ni le désir sincère de
s'intruire, ni la faculté souveraine du discernement. Saint-Simon nous a conservé quelques-unes
de ces paroles royales qui le peignent lui-même,
admirablement, d'un trait vif et net.

« Mais aussi, Monsieur, c'est que vous parlez et que
vous blâmez ; voilà ce qui fait qu'on parle contre vous. »
— « Cela vous fait voir, me dit le roi d'un vrai air de
père, sur quel pied vous êtes dans le monde ; et il faut que
vous conveniez que cette réputation, vous la méritez un
peu. Si vous n'aviez jamais eu d'affaires de rangs, au
moins que vous n'y eussiez pas paru si vif sur celles
qui sont arrivées, et sur les rangs mêmes, on n'aurait
point cela à dire. » (VIII, 61, 64.)

S'il faut en croire Saint-Simon, ces façons du roi
avec lui, cette condescendance à le suivre dans
le détail de sa justification, cette bonne humeur
dans l'oubli de torts imaginaires ou réels, fut pour
toute la cour un objet de surprise. Maréchal lui dit

« qu'il ne connaissait pas encore quatre hommes à la cour, de quelque sorte qu'ils fussent, avec qui le roi en eût usé ainsi. » (VIII, 66.)

A la vérité, cette audience ferma la période d'agitation inquiète pendant laquelle Saint-Simon avait fait d'inutiles efforts pour s'avancer à la cour. Dès lors, sa situation y fut affermie ; au lieu de se dépenser à l'aventure, il s'appliqua à un double objet : réhabiliter et remettre en crédit le duc d'Orléans et fortifier le parti du duc de Bourgogne.

VI

Le duc d'Orléans avait gaspillé les plus heureux dons de l'intelligence dans une existence sans suite, où rien ne pouvait ni l'intéresser, ni le fixer. « Né ennuyé », désabusé à dix-huit ans des joies domestiques par un mariage contre son gré,

« il ne pouvait vivre que dans le mouvement et le torrent des affaires, comme à la tête d'une armée, ou dans les soins d'y avoir tout ce dont il aurait besoin pour les exécutions de la campagne, ou dans le bruit et la vivacité de la débauche. Il y languissait dès qu'elle était sans bruit et sans une sorte d'excès et de tumulte, tellement que son temps lui était pénible à passer. Il se jeta dans la peinture après que le grand goût de la chimie fut passé ou amorti par tout ce qui s'en était si cruellement publié. Il peignait presque toute l'après-dînée à Versailles et à Marly. Il se connaissait fort en tableaux, il les aimait, il en ramassait..... Il s'amusa après à faire des compositions de pierres et de cachets à la merci du charbon, qui me chassait souvent d'avec lui, et des compositions de parfums les plus forts qu'il aima toute sa vie.... Enfin jamais homme né avec tant de talents de toutes les sortes, tant d'ouverture et de facilité pour s'en servir, et jamais vie de particulier si désœuvrée, ni si livrée au néant et à l'ennui. » (XII, 108.)

Il était dominé par Mme d'Argenton, avec laquelle sa liaison était publique. L'irrégularité de ses mœurs, l'accusation d'avoir conspiré en Espagne, l'abandon où il laissait sa femme, fille du roi, tout contribuait à sa disgrâce. Elle était éclatante quand Saint-Simon prit à tâche de tout rétablir.

« La solitude du duc d'Orléans était telle que ses gens avaient avoué au maréchal Besons que, depuis un mois, il était le seul homme qui fût entré chez lui, non seulement de gens de marque, mais le seul absolument qui ne fût pas son domestique ; qu'à Marly on le fuyait dans le salon sans détours ; que s'il y abordait une compagnie, chacun désertait d'autour de lui ;.... que chacun craignait d'être vu avec M. le duc d'Orléans, et se faisait un mérite et un devoir de lui répondre à peine. » (VII, 440.)

Le premier acte de cette campagne de réhabilitation devait être le renvoi de Mme d'Argenton.

Vainement Mme de Saint-Simon représenta-t-elle à son remuant époux que

« ce n'étaient point là ses affaires, ni de bonnes affaires ; que les siennes n'avaient pas besoin de supplément de tracasseries, de méchancetés, d'ennemis ; et qu'il ferait beaucoup mieux de se tenir en repos. » (VII, 442.)

La passion d'intriguer fut la plus forte, et le succès couronna cette œuvre d'audace. La maîtresse fut renvoyée ; une visite à Mme de Maintenon parut un gage de conversion, et une lettre au roi, rédigée par Saint-Simon lui-même, inclina à l'oubli le souverain, l'oncle et le beau-père.

Ce n'était qu'un premier pas. Il est malaisé à quiconque est doué de facultés puissantes de tenir ces facultés inactives. Saint-Simon avait au plus haut degré le don de manier les caractères, de mettre en jeu les passions petites et grandes. Il goûtait une joie infinie à déployer dans des combinaisons difficiles son art de l'intrigue. Il trouva une matière de choix pour l'exercer : un projet de mariage entre la fille aînée du duc d'Orléans et le duc de Berry, petit-fils de Louis XIV.

Il fallait, pour réussir, manœuvrer entre les partis, faire taire les prétentions du Dauphin (1), désarmer l'hostilité de Mme la duchesse, cher-

(1) Voir VIII, 232 et suiv.

cher dans les camps opposés des auxiliaires discrets et actifs. Cette campagne fut un triomphe pour le négociateur ; le mariage fut déclaré (1) ; la cour reconnut la main qui avait tout conduit, et il parut alors que la faveur la plus haute et la plus constante serait le prix d'un si haut service. Personne ne fut surpris d'apprendre que Mme de Saint-Simon était choisie comme dame d'honneur de la contesse de Berry, personne sauf Saint-Simon lui-même, dont l'orgueil ducal s'alarma d'un choix où il ne voyait qu'une haute domesticité. Il mit tout en œuvre pour parer le coup (2) ; il fallut que le roi lui-même intervînt (3) et imposât cette faveur si froidement reçue avec une bienveillance qui n'admettait pas de réplique. Un logement à Versailles et une pension de 20.000 livres furent les assaisonnements de la place de dame d'honneur.

La faveur de Saint-Simon auprès du roi était de nouveau rétablie ; mais ce n'était plus assez dès lors pour donner à un courtisan avisé une complète quiétude. Les bonnes grâces du roi n'étaient plus que d'un vieillard ; on voyait se rétrécir chaque jour davantage l'horizon du règne, et la cour du Dauphin ne se composait guère que des en-

(1) VIII, 290.
(2) VIII. 300.
(3) VIII, 321.

nemis de Saint-Simon. M^{mo} la Duchesse prenait sa revanche du mariage de la duchesse de Berry ; elle avait ressaisi son empire sur Monseigneur et n'oubliait pas le négociateur d'une union qui avait ruiné ses espérances. Mlle Choin, « la fée invisible », cette sous-Maintenon, était inaccessible, et Saint-Simon n'en étant point connu, n'en pouvait rien espérer. Meudon était pour lui,

« un lieu infecté de démons. » (IX, 101.)

« Si ce continuel présent me causait ces soucis, combien de réflexions plus fâcheuses : la perspective d'un avenir qui s'avançait tous les jours, qui mettrait Monseigneur sur le trône, et qui à travers le chamaillis de ce qui le gouvernait et le voudrait dominer alors à l'exclusion des autres, porterait très certainement sur le trône avec lui les uns ou les autres de ces mêmes ennemis qui ne respiraient que ma perte et à qui elle ne coûterait alors que le vouloir ! Faute de mieux, je me soutenais de courage. Je me disais qu'on n'éprouvait jamais ni tout le bien ni tout le mal qu'on avait, à ce qu'il semblait, le plus de raison de prévoir. J'espérais ainsi, contre toute espérance...

« J'allais rêver et me délasser à mon aise pendant cette quinzaine de Pâques (1711), loin du monde et de la cour... Je m'étais promené tout le matin du samedi 11, veille de la Quasimodo, et j'étais entré seul dans mon cabinet, un peu avant le dîner, lorsqu'un courrier, que Mme de Saint-Simon m'envoya, m'y rendit une lettre d'elle qui m'apprit la maladie de Monseigneur. » (IX, 102.)

Alors s'ouvre la série de ces événements tragiques qui, en quelques mois, devaient secouer la cour et bouleverser dans ses profondeurs les plus secrètes l'âme de Saint-Simon. Il passa de l'extrémité de l'inquiétude à celle de la confiance, pour connaître presque aussitôt l'amertume du plus complet découragement. La mort de Monseigneur (1) changeait entièrement sa propre fortune ; le parti de ses ennemis était réduit à l'impuissance, il voyait arriver au pouvoir ceux-là mêmes pour lesquels il s'était compromis. La duchesse de Bourgogne avait toujours témoigné à Mme de Saint-Simon une bienveillance marquée ; et dès les premiers jours du nouveau régime, la faveur de Saint-Simon se dessina.

« La cour changée par la mort de Monseigneur, il fut question pour moi de changer de conduite à l'égard du nouveau Dauphin. M. de Beauvilliers m'en parla d'abord, mais il jugea que ce changement ne devait se faire que fort lentement et de manière à y accoutumer sans effaroucher.

J'avais en divers temps échappé à d'étranges noirceurs ; je devais compter que les regards se fixeraient sur moi à proportion de la jalousie, et que je n'en pouvais éviter les dangers qu'en voilant ma situation nouvelle, si fort changée par le changement de toute la

(1) On sait que le récit de la mort de Monseigneur est peut-être la perle de l'œuvre entière de Saint-Simon ; nous aurons occasion d'en citer un ou deux extraits au dernier chapitre. De pareils morceaux ne s'analysent pas ; et le récit est trop long pour être reproduit ici. Nous renvoyons le lecteur au texte même. (IX, 103 à 131.)

scène de la cour ; pour cela, ne m'approcher à découvert
que peu à peu du prince, à mesure que son asile se for-
tifierait à mon égard, c'est-à-dire à mesure qu'il croî-
trait auprès du roi en confiance, et en autorité dans les
affaires et dans le monde.

« Je crus néanmoins à propos de le sonder dès les premiers jours de son nouvel essor. Un soir que je le joignis
dans les jardins de Marly où il était peu accompagné, et
de personne qui me tînt de court, je profitai de son
accueil gracieux pour lui dire, comme à la dérobée, que
bien des raisons qu'il n'ignorait pas m'avaient retenu
jusqu'alors dans un éloignement de lui nécessaire ; que
maintenant j'espérais pouvoir suivre avec moins de
contrainte mon attachement et mon inclination, et que je
me flattais qu'il l'aurait agréable. Il me répondit, bas
aussi, qu'il y avait en effet des raisons quelquefois qui
retenaient ; qu'il croyait qu'elles avaient cessé ; qu'il
savait bien quel j'étais pour lui, et qu'il comptait avec
plaisir que nous nous verrions maintenant plus librement
de part et d'autre. J'écris exactement les paroles de sa
réponse pour la singulière politesse de celles qui la finis-
sent. Je la regardai comme l'engagement heureux d'une
amorce qui avait pris comme je me l'étais proposé. »
(IX, 361.)

Ces deux natures se rapprochèrent tout d'abord
et prirent contact par les petits côtés; à propos
d'une question de cérémonial, le nouveau Dauphin s'étant montré préoccupé de ne rien laisser
perdre de ses droits légitimes, Saint-Simon
poussa sa plainte, qui fut entendue; et des rapports secrets et intimes s'établirent entre ces deux

personnages. M. de Beauvilliers avait d'ailleurs préparé les voies, et la confiance fut bientôt entière de la part du prince, comme la liberté de la part du courtisan. En attaquant le présent, Saint-Simon trouvait un auditeur attentif :

« l'autorité sans bornes que les ministres avaient usurpée, celle qu'ils s'étaient acquise sur le roi, l'impossibilité de faire rien passer au roi, ni du roi à personne, sans leur entremise, » (IX, 364.)

parurent à l'un et à l'autre le renversement de l'ancien état légitime. Le Dauphin se montra également sensible à l'usurpation des ministres

« avec les ducs et avec les gens de la plus haute qualité. A ce récit, l'indignation échappa à sa retenue ; il s'échauffa sur le *Monseigneur* qu'ils nous refusent. » (XI, 365.)

Saint-Simon trouvait enfin le prince de ses rêves ; une sorte de Louis XIII, attaché à sa noblesse, fondant sa puissance sur sa fidélité et rehaussant son propre éclat de sa splendeur.

« Il est difficile d'exprimer ce que je sentis en sortant d'avec le Dauphin. Un magnifique et prochain avenir s'ouvrait devant moi. Je vis un prince pieux, juste, débonnaire, éclairé et qui cherchait à le devenir de plus en plus, et l'inutilité avec lui du futile, pièce toujours si principale avec ces personnes-là. » (IX, 366.)

Les tête-à-tête se multiplièrent, et toujours en secret et à la dérobée ; puis un travail régulier, favorisé par M. de Beauvilliers, s'organisa entre le Dauphin et M. de Saint Simon. La Dauphine elle-même l'ignorait, et ce n'est pas sans surprise qu'elle en découvrit un jour le mystère(1).

« Un volume ne décrirait pas suffisamment ces divers tête-à-tête entre ce prince et moi. Quel amour du bien ! quel dépouillement de soi-même ! quelles recherches ! quels fruits ! quelle pureté d'objet ! oserai-je le dire ? quel reflet de la Divinité dans cette âme candide, simple, forte, qui, autant qu'il est donné ici-bas, en avait conservé l'image ! On y sentait briller les traits d'une éducation également laborieuse et industrieuse, également savante, sage, chrétienne, et les réflexions d'un disciple lumineux, qui était né pour le commandement. » (X, 105.)

Il était impossible que des privautés si avantageuses demeurassent longtemps secrètes. Les plus avisés se rapprochaient de Saint-Simon et le traitaient en favori du lendemain. Ainsi se fit le rapprochement avec le duc de Noailles.

« J'imaginai bien que ce n'était pas, comme l'on dit, à mes bonnes œuvres que je devais les avances et les recherches empressées d'un homme avec qui je n'avais jamais vécu, et que les ailes de la faveur avaient si continuellement porté dans des routes brillantes, tandis que je rampais. Je crus bien qu'il voyait derrière moi M. le duc d'Orléans, [M. de Beauvilliers, peut-être le Dauphin

(1) IX, 383 à 385.

dans le lointain, et qu'à tout hasard il avait envie de me
ramasser par le chemin. (X, 39.)

Au milieu de cette voie ascendante, Saint-Simon trouva un abîme où sa fortune entière faillit
s'engloutir. La Dauphine fut emportée en quelques jours par un mal mystérieux, etle Dauphin
ne voulut pas être consolé. Il languit quelques
jours et mourut.

« Il aimait son épouse avec la plus grande passion.
La douleur de sa perte pénétra ses plus intimes moelles.
La piété y surnagea par les plus prodigieux efforts. Le
sacrifice fut entier, mais il fut sanglant....... La France
tomba enfin sous ce dernier châtiment : Dieu lui montra
un prince qu'elle ne méritait pas. La terre n'en était pas
digne ; il était déjà mûr pour la bienheureuse éternité.
(X, 114, 115.)

Ce fut pour Saint-Simon un véritable effondrement.

« La vérité est que j'étais au désespoir. A qui saura où
j'en étais arrivé, cet état paraîtra moins étrange que
d'avoir pu supporter un malheur si complet. Je l'essuyais
précisément au même âge où était mon père quand il
perdit Lous XIII ; au moins en avait-il grandement joui,
et moi : *Gustavi paululum mellis et ecce morior !* Ce n'é-
tait pas tout encore. » (X, 131.)

Il y avait dans la cassette du Dauphin des mémoires de Saint-Simon sur divers sujets. Ils

avaient été rédigés en pleine liberté ; l'allure, le
langage, l'écriture même pour quelques uns,
étaient des indices irrécusables ; et la clef de la
cassette était entre les mains du roi ! L'interven-
tion du duc de Beauvilliers épargna à Saint-Simon
une nouvelle disgrâce. Quand la cassette fut ouverte devant le roi, Beauvilliers eut l'adresse de
dissimuler sous un fatras de papiers sans importance ces mémoires compromettants, et de les
jeter au feu comme papiers inutiles. Ainsi tout le
secret des relations de Saint-Simon avec le
Dauphin était enfermé dans sa tombe ; là aussi
semblait dormir à jamais toute chance pour lui
de jouer un rôle politique.

Mais la fortune, qui ne se lassa point d'offrir à
Saint-Simon des occasions, lui gardait en réserve
le duc d'Orléans. Avec lui pourrait enfin s'accomplir la grande espérance, si souvent rêvée
d'appliquer ses talents d'homme d'Etat. Car ce
fut toujours la prétention de Saint-Simon qu'il
y avait en lui l'étoffe d'un grand ministre. Il lui
fut donné, dans une suffisante mesure, de faire
ses preuves, pour que la postérité juge en connaissance de cause cette partie de son œuvre.

CHAPITRE IV

Quand un homme appartient par la naissance à
une classe privilégiée qu'il regarde comme in-
vestie, par droit divin, de la mission de gouverner, il est juste que son esprit soit naturellement occupé de pensées politiques ; et quand cet
homme d'État en réserve et anonyme a la manie
d'écrire, on voit son portefeuille se grossir peu à
peu de projets de gouvernement, de plans de réforme, de mémoires à consulter, préparation ou
consolation, suivant la fortune, d'un génie qui se
forme ou qui se venge. Ce fut le cas de Saint-Simon.

Il se vantait, de bonne foi peut-être, d'appar-
tenir à l'une des plus anciennes familles du
royaume ; il était duc et pair, de ceux qu'il appelle les *laterales regis*, les assistants du roi ; et si
la criminelle révolution politique consommée par
Mazarin n'eût bouleversé les rangs, il lui eût ap-
partenu de figurer et d'agir dans cette élite de gou-

vernants, aussi sacrée dans son origine, aussi in-
violable dans ses droits, aussi légitime dans son
action que le roi lui-même.

Saint-Simon nous a livré le secret de ses ambitions.

« Je gémissais depuis que j'avais pu penser à cet abîme
de néant par état de toute noblesse. Je me souviens que,
dès avant que d'être parvenu à la confiance des ducs de
Beauvilliers et de Chevreuse, mais déjà fort libre avec
eux, je ne m'y contraignis pas un jour sur cette plainte.
Ils me laissèrent dire quelque temps.

« A la fin le rouge prit au duc de Beauvilliers qui, d'un
ton sévère, me demanda : « Mais que voudriez-vous donc
pour être content ? — Je vais, Monsieur, vous le dire, lui
répondis-je vivement ; je voudrais être né de bonne et
d'ancienne maison, je voudrais aussi avoir quelques belles
terres et en beaux droits, sans me soucier d'être fort riche.
J'aurais l'ambition d'être élevé à la première dignité de
mon pays, et je souhaiterais aussi un gouvernement de
place ; jouir de cela, et je serais content. » (XII, 173.)

Le malheur des temps ne permettait pas que ce
beau rêve devînt réalité ; mais, dans la pensée
de Saint-Simon, le mal n'était pas ancien. Il se
refuse à voir la continuité de cette marche en
avant du pouvoir royal, qui se développe avec la
fatalité d'une grande force naturelle. Il est indul-
gent au cardinal de Richelieu lui-même, parce
qu'il fut le serviteur du prince qui était resté
le roi selon son cœur. Mazarin, voilà le bouc

émissaire qu'il charge des péchés de la politique royale. Il ne pardonne pas à « cet étranger
de la lie du peuple, qui ne tenait à rien et qui
n'avait d'autre dieu que sa grandeur et sa puissance », de n'avoir « pensé qu'à tout subjuguer,
à tout confondre, à faire que tout soit peuple. »

« Tous ses soins, toute son application se tourna
à l'anéantissement des dignités et de la naissance par
toutes sortes de voies, à dépouiller les personnes de
qualité de toute sorte d'autorité ; et pour cela de
les éloigner, par état, des affaires ; d'y faire mettre des
gens aussi vils d'extraction que lui ; d'accroître leurs
places en pouvoir, en distinctions, en crédits, en riches-
ses ; de persuader au roi que tout seigneur était naturellement ennemi de son autorité, et de préférer, pour manier
ses affaires en tout genre, des gens de rien, qu'au moindre mécontentement on réduisait au néant en leur ôtant
leur emploi, avec la même facilité qu'on les en avait tirés
en le leur donnant ; au lieu que des seigneurs déjà grands
par leur naissance, leurs alliances, souvent par leurs établissements, acquéraient une puissance redoutable par le
ministère et les emplois qui y avaient rapport et devenaient
dangereux à cesser de s'en servir par les mêmes raisons.

« De là, l'élévation de la plume et de la robe, et l'anéantissement de la noblesse par degrés, jusqu'au prodige
qu'on voit et qu'on sent aujourd'hui, et que ces gens de
plume et de robe ont bien su soutenir, et chaque jour
aggraver leur joug, en sorte que les choses sont arrivées
au point que le plus grand seigneur ne peut être bon à
personne, et qu'en mille façons différentes il dépend des
plus vils roturiers. » (XII, 172.)

Le règne de Louis XIV n'était pas pour adoucir ces regrets ; cette graduelle descente de l'aristocratie ne s'arrêtait pas et l'invasion de tout par le peuple continuait, toujours menaçante, toujours favorisée par la royauté elle-même.

Un moment, on avait pu croire que la providentielle mission de tout réparer serait le partage du duc de Bourgogne ; et, pendant près d'une année, l'imagination de Saint-Simon se donna carrière, rêva de la restauration de l'aristocratie. Exalter la dignité des ducs et pairs, rabaisser ou ramener au néant les secrétaires d'Etat : voilà les deux termes essentiels auxquels on peut réduire les projets développés devant le prince par Saint-Simon, dans ces longs tête-à-tête si bien faits pour satisfaire sa vanité et donner carrière à ses espérances.

« Il n'est pas difficile d'imaginer dans quel ravissement je sortis d'un entretien si intéressant. La confiance d'un Dauphin juste, éclairé, si près du trône et qui y participait déjà, ne laissait rien à désirer pour la satisfaction présente, ni pour les espérances. Le bonheur et la règle de l'Etat, et après, le renouvellement de notre dignité, avaient été dans tous les temps de ma vie l'objet le plus ardent de mes désirs, qui laissaient loin derrière celui de ma fortune. Je rencontrais tous ces objets dans le Dauphin ; je me voyais en situation de contribuer à ces grands ouvrages, de m'élever en même temps, et avec un peu de conduite, en possession tranquille de tant et de si précieux avantages. » (IX, 376.)

La stupide mort brisa de si belles espérances ; le
politique conseiller, qui préparait la matière de son
œuvre future, fut précipité du faîte dans l'abîme. Il
s'y crut plongé à jamais. Ses relations d'amitié avec le duc d'Orléans lui furent un nouvel
élément de vie.

II

Ces rapports d'amitié entre deux hommes si
dissemblables causent tout d'abord quelque surprise. A voir les seules qualités de l'esprit, ils
étaient profondément inégaux. S'il n'eût gâté
comme à plaisir les dons naturels qu'il avait eus
en partage, le duc d'Orléans fût devenu aisément
un homme supérieur.

« Il était doux, accueillant, ouvert, d'un accès facile et
charmant, le son de la voix agréable, et un don de la
parole qui lui était tout particulier, en quelque genre que
ce pût être, avec une facilité et une netteté que rien ne
surprenait, et qui surprenait toujours. Son éloquence
était naturelle, jusque dans les discours les plus com-
muns et les plus journaliers, dont la justesse était égale
sur les sciences les plus abstraites qu'il rendait claires,
sur les affaires de gouvernement, de politique, de
finance, de justice, de guerre, de cour, de conversation
ordinaire, et de toutes sortes d'arts et de mécanique.
Il ne se servait pas moins utilement des histoires et des

Mémoires et connaissait fort les maisons. Les personnages de tous les temps et leurs vies lui étaient présents,
et les intrigues des anciennes cours, comme celles de son
temps. A l'entendre, on lui aurait cru une vaste lecture.
Rien moins. Il parcourait légèrement, mais sa mémoire
était si singulière qu'il n'oubliait ni choses, ni noms, ni
dates qu'il rendait avec précision ; et son appréhension
était si forte qu'en parcourant ainsi, c'était en lui comme
s'il eût tout lu fort exactement. Il excellait à parler sur-
le-champ, et en justesse et en vivacité, soit de bons mots,
soit de reparties.

« Il m'a souvent reproché, et d'autres plus que lui, que
je ne le gâtais pas ; mais je lui ai souvent aussi donné
une louange qui est méritée par bien peu de gens et qui
n'appartenait à personne si justement qu'à lui : c'est
qu'outre qu'il avait infiniment d'esprit et de plusieurs
sortes, la perspicacité singulière du sien se trouvait jointe
à une si grande justesse qu'il ne se serait jamais trompé
en aucune affaire, s'il avait suivi la première appréhension de son esprit sur chacune.

« ... Il gardait fort son rang en tout genre avec les princes du sang, et personne n'avait l'air, le discours et les
manières plus respectueuses que lui, ni plus nobles avec le
roi et avec les fils de France. Monsieur avait hérité en
plein de la valeur des rois ses père et grand-père, et
l'avait transmise tout entière à son fils.

« ... Une valeur naturelle, tranquille, qui lui laissait
tout voir, tout prévoir, et porter les remèdes, une grande
étendue d'esprit pour les échecs d'une campagne, pour
les projets, pour se munir de tout ce qui convenait à
l'exécution, pour s'en aider à point nommé, pour s'établir
d'avance des ressources et savoir en profiter bout à bout,
et user ainsi avec une sage diligence et vigueur de

Le Régent

tous les avantages que lui pouvait présenter le sort des armes. On peut dire qu'il était capitaine, ingénieur, intendant d'armée, qu'il connaissait la force des troupes, le nom et la capacité des officiers, et les plus distingués de chaque corps, savait s'en faire adorer, les tenir néanmoins en discipline, exécuter, en manquant de tout, les choses les plus difficiles. Ses combinaisons étaient justes et solides tant sur les matières de guerre que sur celles d'Etat.

« Quel homme aussi au-dessus des autres, et en tout genre connu ! et quel homme plus expressément favorisé pour faire le bonheur de la France, lorsqu'il eut à la gouverner ! Ajoutons-y une qualité essentielle : c'est qu'il avait plus de 36 ans à la mort du Dauphin et près de 38 à celle de M. le duc de Berry, qu'il avait passés particulier, éloigné entièrement de toute idée de pouvoir arriver au timon ; courtisan battu des orages et des tempêtes, et qui avait vécu de façon à connaître tous les personnages, et la plupart de ce qui ne l'était pas ; en un mot, l'avantage d'avoir mené une vie privée avec les hommes, et acquis toutes les connaissances, qui, sans cela, ne se suppléent point d'ailleurs. Voilà le beau, le très beau sans doute, et le très rare. » (XII, 93, 100.)

Par malheur, ces dons si précieux de l'esprit furent stérilisés par les défaillances du caractère. Il eût fallu à cette âme faible un conducteur éclairé, sage, croyant au devoir, capable de fermeté ; elle fut livrée en proie à Dubois, qui entreprit et consomma sur elle son œuvre de corruption intéressée. L'équilibre instable de cette heureuse nature, qui eût pu être fixé, fut à

jamais rompu. On vit alors quelque chose d'é-
trange, l'excellent et le pire se partager, plutôt
que se disputer cette âme, et y rester maîtres
par intervalles inégaux.

« Je n'ai de ma vie rien connu de si éminemment con-
tradictoire et si parfaitement en tout que M. le duc d'Orléans. » (XII, 93.)

« Un des malheurs de ce prince était d'être incapable
de suite dans rien, jusqu'à ne pouvoir comprendre qu'on
en pût avoir. Un autre fut une espèce d'insensibilité qui
le rendait sans fiel dans les plus mortelles offenses et
les plus dangereuses ; et, comme le nerf et le principe de
la haine et de l'amitié, de la reconnaissance et de la vengeance est le même, et qu'il manquait de ce ressort, les
suites en étaient infinies et pernicieuses. » (XII, 109.)

« Il était né ennuyé, et il était si accoutumé à vivre hors
de lui-même, qu'il lui était insupportable d'y rentrer
sans être capable de chercher même à s'occuper... Jamais homme né avec tant de talents de toutes les sortes,
tant d'ouverture et de facilité pour s'en servir, et jamais
vie de particulier si désœuvrée, ni si livrée au néant et à
l'ennui. » (XII, 108.)

Saint-Simon n'avait à aucun degré les dons
brillants de l'esprit qui distinguaient le duc d'Orléans ; mais il reprenait l'avantage au point de vue
moral. Sa vie fut aussi régulière, honnête et sa-
gement gouvernée que l'autre fut désordonnée,
tumultueuse et livrée à l'ostentation même
du vice. Par quel point se fit donc le contact et

comment arriva-t-il que ces deux hommes se recherchèrent ?

Tout d'abord la conformité des âges les rapprocha ; ils se rencontrèrent et se connurent à la même Académie. Ces souvenirs de jeunesse formèrent un premier lien ; mais la vie privée des deux jeunes hommes suivit une pente toute différente ; tandis que l'un était jeté hors des voies régulières par un mariage où son cœur trouva aussi peu de satisfaction que son amour-propre, l'autre demandait au seul amour conjugal les douceurs d'une existence sans dissipation. Saint-Simon ne fut à aucune heure le compagnon de plaisir du duc d'Orléans.

Par la tenue de sa vie, il s'éleva comme une vivante protestation contre le dérèglement de l'autre ; ainsi sans doute il gagna sur l'esprit du prince un ascendant réel, dont il n'usa que pour l'avantage de celui-ci. On peut voir, dans les *Mémoires*, avec quelle liberté et quelle vigueur d'accent Saint-Simon se fait mainte fois le mentor du duc d'Orléans. Quand il s'agit de préparer la rupture avec Mme d'Argenton, la vivacité du ton atteignit parfois la limite extrême qu'une véritable amitié seule permet de toucher.

« Je dis qu'en quittant une vie qui scandalisait depuis si longtemps ceux même qui, peu attentifs à leur conscience, ne l'étaient qu'à l'honneur du monde, il se déchar-

gerait du blâme qu'il avait encouru en la menant. »
(VIII, 11.)

« Je lui dis que je ne pouvais donc plus lui taire la
juste indignation du public, qui, après avoir conçu les
plus hautes espérances, et avoir eu pour lui la plus grande
et la plus longue indulgence, tournait les unes en
mépris, l'autre en une sorte de rage qui produisait le
déchaînement universel et inouï contre lui, aussi vif dans
les plus libertins que dans les hommes dont les mœurs
étaient les plus austères ; qu'il y avait temps et manières
pour tout ; que son libertinage, devenu abandon depuis
tant d'années, s'approfondissait de plus en plus ; que ni
l'âge, ni l'esprit, ni les lumières, ni les grands emplois ne
l'avaient pu changer ; qu'il était devenu non seulement
concubinage, mais ménage public ; personne ne pouvait
plus souffrir dans un petit-fils de France de trente-cinq
ans *ce que le magistrat de la police eût châtié il y a longtemps*
dans quiconque n'eût pas été d'un rang à couvert de ces
sortes de voies de remettre les gens dans l'ordre, au moins
hors d'état *d'insulter à tout un royaume par le scandale
affreux de sa vie.* » (VIII, 33.)

Ces sévères paroles subjuguèrent momentané-
ment le prince, et le succès de Saint Simon fut
complet. Il détacha le duc d'Orléans de Mme d'Argenton et rendit possible ainsi sa rentrée en
faveur auprès du roi, tout au moins la fin de sa
disgrâce. C'était un grand service qui rendit le
sauvé plus cher encore au sauveur. Il y avait
là comme un cas désespéré, et la beauté de la
cure intéressa chaque jour davantage à son

client celui qui pouvait s'en faire honneur.

En veine de servir heureusement, Saint-Simon ne s'en tint pas à ce premier et signalé office ; il négocia et fit aboutir le mariage de la fille du duc d'Orléans avec le duc de Berry. Il parut un instant comme le génie bienfaisant de la maison. Les rapports d'amitié et de confiance se resserrèrent; le roi lui-même se plaisait à reconnaître que son neveu ne pouvait avoir de confident plus sûr. « Je voudrais, disait-il, que mon neveu n'eût pas d'autres amis. » C'est à ce moment qu'un concours inouï de circonstances fit du duc d'Orléans le maître éventuel de la France, pendant une minorité que l'on pouvait prévoir de longue durée.

Une fois encore, la fortune faisait une avance à Saint-Simon ; elle semblait devoir lui permettre de développer cette fois tout son génie d'homme d'Etat. Ce fut, en effet, de ce jour, un vrai bouillonnement de projets dans cette tête toujours surchauffée.

« J'en étais si rempli qu'il y avait des années que je les avais jetés sur le papier, plutôt pour mon soulagement et pour me prouver à moi-même leur utilité et leur possibilité, que dans l'espérance qu'il en pût jamais rien réussir. » (VII, 99.)

Déjà en 1709, Saint-Simon avait couvert de sa fine écriture « trois forts petits cahiers » où il

avait déposé son projet de formation des Conseils.
Il s'était rencontré dans sa pensée de réforme avec
le duc de Chevreuse, et à la suite d'une conversation où les deux mécontents s'étaient décou-
verts l'un à l'autre, Saint-Simon lui avait com-
muniqué son manuscrit.

> « Il vit toute la substance de la forme de gouvernement
> qu'il venait de me proposer ; il vit les places des Conseils
> remplies de noms dont quelques-uns étaient morts depuis ;
> il vit toute l'harmonie de leurs différents ressorts, et celle
> des ministres de chacun des Conseils ; il vit jusqu'au détail
> des appointements avec la comparaison de ceux des mi-
> nistres effectifs du roi. J'avais formé les Conseils de ceux
> que j'y avais crus les plus propres, pour me répondre à
> moi-même à l'objection des sujets ; et j'avais mis les
> appointements pour me répondre à celle de la dépense,
> et la comparer à celle du roi pour le sien. » (VII, 101.)

Ainsi, tout était prévu ; ce n'était pas la rêve-
rie d'un métaphysicien politique, mais le plan
détaillé et étudié de l'homme d'action. Saint-
Simon avait toutes les prétentions du monde à ce
titre.

Dès que la future situation politique du duc
d'Orléans fut déclarée, Saint-Simon ouvrit la campagne pour faire triompher ses idées. Le but suprême de ses efforts était la réhabilitation de la
noblesse et son retour aux grandes affaires. Il
n'était point assez abusé pour ne pas voir

« l'ignorance, la légèreté, l'inapplication de cette noblesse accoutumée à n'être bonne à rien qu'à se faire tuer, à n'arriver à la guerre que par ancienneté, et à croupir du reste dans la plus mortelle inutilité, qui l'avait livrée à l'oisiveté et au dégoût de toute instruction hors de guerre, par l'incapacité d'état de s'en pouvoir servir à rien. » (XII, 174.)

Mais il comptait, pour son relèvement, sur les dons naturels de cette classe privilégiée ; il la devinait capable de reconquérir, par sa seule vertu, les titres au commandement dont elle avait été dépossédée. Encore fallait-il briser l'appareil de compression sous lequel la royauté la tenait étouffée et haletante. Il fallait tout d'abord

« renverser le monstre qui avait dévoré la noblesse, c'est-à-dire le contrôleur général et les secrétaires d'Etat, souvent désunis, mais toujours parfaitement réunis contre elle. C'est dans ce dessein que j'avais imaginé les Conseils.» (XII, 174.)

Le duc d'Orléans entra de plain-pied dans les projets de Saint-Simon :

« Il n'était pas moins blessé que moi de la tyrannie que ces cinq rois de France (les secrétaires d'Etat) exerçaient à leur gré sous le nom du roi véritable, et presque en tout à son insu, et l'insupportable hauteur où ils étaient montés...

... « Je représentai à M. le duc d'Orléans que cet établissement des Conseils flatterait extrêmement les seigneurs et toute la noblesse, éloignée des affaires depuis près d'un siècle, et qui ne voyait point d'espérance de se relever de l'abattement où elle se trouvait plongée ; que ce retour inespéré et subit du néant à l'être toucherait également ceux qui en profiteraient par leurs nouveaux emplois et ceux encore à qui il n'en serait point donné, parce qu'ils en espéreraient dans la suite par l'ouverture de cette porte, et qu'en attendant ils s'applaudiraient d'un bien commun, et de la jouissance de leurs pareils. » (XII, 175 et 177.)

Le principe admis, l'exécution de ce projet fut étudiée par avance jusque dans le détail. Il devait y avoir six Conseils : finances, marine, guerre, affaires ecclésiastiques, affaires étrangères, intérieur. Le nom même des personnes fut discuté et arrêté ; et comme prime d'inventeur, Saint-Simon reçut la proposition de présider lui-même le Conseil des finances. Il eut la sagesse de refuser et s'honora par cet acte de désintéressement. Les raisons qu'il en donne lui-même achèvent de mettre en lumière et l'incontestable honnêteté et l'insuffisance du personnage.

« Je répondis que je n'avais nulle aptitude pour les finances, que c'était un détail devenu science et grimoire qui me passait ; que le commerce, les monnaies, le change, la circulation, toutes choses essentielles à la gestion des finances, je n'en connaissais que les noms ; que je ne savais pas les premières règles de l'arithmétique ; que je ne m'étais jamais mêlé de l'administration de mon bien, ni de ma dépense domestique, parce que je m'en sentais incapable ; combien plus des finances de tout un royaume, et embarrassées comme elles l'étaient.

... « Les injustices que les nécessités attachaient à la matière des finances, me faisaient peur ; je ne pouvais m'accommoder d'être le marteau du peuple et du public, d'essuyer les cris des malheureux, les discours faux, mais quelquefois vraisemblables, surtout en ce genre, des fripons, des malins, des envieux ; et ce qui me détermina plus que tout, la situation forcée où les guerres et les autres dépenses prodigieuses avaient réduit l'Etat, en sorte que je n'y voyais que le choix de l'un des deux partis ; de continuer et d'augmenter même autant qu'il serait possible toutes les impositions pour pouvoir acquitter les dettes immenses, et conséquemment achever de tout écraser, ou de faire banqueroute publique par voie d'autorité, en déclarant le roi futur quitte de toutes dettes et non obligé à celles du roi son aïeul et son prédécesseur, injustice énorme et qui ruinerait une infinité de familles, et directement et par cascades.

... « Me trouvant chargé des finances, j'aurais été trop fortement tenté de la banqueroute totale, et c'était un paquet dont je ne me voulais pas charger devant Dieu ni devant les hommes. » (XII, 194, 196.)

Saint-Simon refusa d'entrer comme chef au Conseil des « affaires du dedans ». Le duc d'Orléans lui fit violence, si nous en croyons les *Mémoires*, pour le faire entrer au Conseil suprême ou de régence, qu'il devait présider lui-même. Les Conseils, leurs chefs, leurs présidents, tout était réglé, quand Louis XIV mourut.

III

La mort du roi devait ouvrir la période de l'action ; des théories on allait passer à la pratique et des systèmes à l'application.

« J'appris la mort du roi à mon réveil. J'allai aussitôt faire ma révérence au nouveau monarque. Le premier flot y avait déjà passé ; je m'y trouvai presque seul. Je fus de là chez M. le duc d'Orléans, que je trouvai enfermé et tout son appartement plein à n'y pas pouvoir faire tomber une épingle par terre. Je le pris à part dans son cabinet pour faire un dernier effort sur la convocation des Etats généraux, qui fut entièrement inutile, et pour le faire souvenir de la parole qu'il m'avait donnée, et à dix ou douze pairs avec moi, de trouver bon que nous demeurassions couverts lorsque nos voix seraient demandées, et pour les autres indécences des séances du Parlement, dont il convint avec moi. » (XIII, 107.)

Page indiscrète, où l'auteur se trahit. Le voilà ce politique de rencontre, cet affamé d'inutiles honneurs, ce juge sans élévation des vrais besoins de l'Etat ! La première heure sonne à peine ; il confond dans la même impatience de désir la convocation des Etats généraux et une ridicule question d'étiquette au Parlement.

Encore la convocation des Etats généraux n'a-t-elle pas dans sa pensée une signification bien haute ; ce n'est pas comme un appel au tribunal de l'opinion publique du règne qui vient de se fermer, et une consultation sur les vrais besoins et les intérêts compromis du royaume. Cette convocation des Etats n'a que la valeur d'un expédient ; il suffit, pour s'en convaincre, de relire les pages que Saint-Simon a consacrées à cet objet (1). Fortifier l'autorité du futur régent par l'acclamation populaire, faire confirmer la renonciation des Bourbons d'Espagne, remettre à leur rang les grands bâtards : voilà le service que pourra rendre cette assemblée, dont la seule réunion serait une caresse à la vanité populaire.

Ainsi se dessine, dès le début, en traits vifs et nets, le rôle politique de Saint-Simon pendant la Régence : une médiocre intelligence des grandes questions, une incessante préoccupation des petits intérêts de sa **vanité** , tenus sincèrement pour affaires d'Etat.

On en vit un mémorable exemple le lendemain même de la mort du roi. Il s'agissait de faire modifier par le Parlement le testament de Louis XIV et attribuer au duc d'Orléans la plénitude des pouvoirs que le roi avait divisés et donnés en grande partie au Conseil de régence; enfin il fallait mettre à profit l'élan de reconnaissance du Parlement, déclaré arbitre souverain,

_____

(1) XII, 220 à 242.

pour dépouiller le duc du Maine de l'autorité d'emprunt dont l'avait honoré la complaisance sénile de son père. C'étaient assurément pour le gouvernement nouveau de graves intérêts ; mais il ne parut pas à Saint-Simon que la fameuse affaire du *bonnet* fût de moindre importance. Il fallut

« un discours bien doré de M. le duc d'Orléans pour nous persuader de n'innover rien le lendemain, comme il nous avait permis de le faire, en représentant le trouble que cela pourrait apporter dans les plus grandes affaires de l'Etat qui devaient y être réglées, telles que la régence et l'administration du royaume, et l'indécence qui retomberait sur nous de les arrêter, et au moins de les retarder, pour nos intérêts particuliers. » (XIII, 108.)

Encore le duc d'Orléans ne put-il refuser à son gênant ami la consolation de protester publiquement, en séance du Parlement, au nom des ducs et pairs, contre « l'usurpation plus qu'indécente du bonnet. »

Saint-Simon a fait de la séance du 2 septembre un récit passionné, dans lequel sa propre personne remplit, envahit tout. M. Chéruel a montré (1), par le rapprochement de textes et de documents contemporains, dans quelle mesure il fallait contenir son rôle et admettre son témoignage ; il a pris Saint-Simon en flagrant délit

____

(1) *Saint-Simon considéré comme historien de Louis XIV*, ch. VI.

d'exagération et d'arrangement des faits. Sa passion maîtresse le menait ici à l'égarement.

Saint-Simon prit place au Conseil de régence, avec le duc d'Orléans, le duc de Bourbon, le duc du Maine, le comte de Toulouse, le chancelier Voysin, les maréchaux de Villeroy, d'Harcourt, de Bezons, l'ancien évêque de Troyes, Bouthillier de Chavigny et Torcy. Dans deux circonstances graves, il montra combien son esprit était peu propre aux grandes affaires et fermé à toute large conception. Il persista à ne rien trouver de mieux que la banqueroute pour entreprendre à nouveau le relèvement des finances, et il s'opposa de toutes ses forces au rappel des protestants. Il faut lire les pages où il résume les arguments dont il s'appuya auprès du Régent (1), et les opposer au passage éloquent, animé d'un souffle généreux qu'il a consacré à la Révocation.

« La révocation de l'Edit de Nantes sans le moindre prétexte et sans aucun besoin, et les diverses proscriptions plutôt que déclarations qui les suivirent, furent les fruits de ce complot affreux qui dépeupla un quart du royaume, qui ruina son commerce, qui l'affaiblit dans toutes ses parties, qui le mit si longtemps au pillage public et avoué des dragons, qui autorisa les tourments et les supplices dans lesquels ils firent réellement mourir tant d'innocents de tout sexe par milliers, qui ruina un

(1) XIV, 2 à 8.

peuple si nombreux, qui déchira un monde de familles,
qui arma les parents contre les parents pour avoir leur
bien et les laisser mourir de faim ; qui fit passer nos ma-
nufactures aux étrangers, fit fleurir et regorger leurs
Etats aux dépens du nôtre et leur fit bâtir de nouvelles
villes, qui leur donna le spectacle d'un si prodigieux
peuple proscrit, nu, fugitif, errant sans crime, cherchant
asile loin de sa patrie ; qui mit nobles, riches, vieillards,
gens souvent très estimés pour leur piété, leur savoir,
leur vertu, des gens aisés, faibles, délicats, à la rame et
sous le nerf très effectif du comite, pour cause unique de
religion ; enfin, qui, pour comble de toutes horreurs,
remplit toutes les provinces du royaume de parjures et
de sacrilèges, où tout retentissait des hurlements de ces
infortunées victimes de l'erreur, pendant que tant d'autres sacrifiaient leur conscience à leurs biens et à leur
repos. Telle fut l'abomination générale enfantée par la
flatterie et par la cruauté. De la torture à l'abjuration, et
de celle-ci à la communion, il n'y avait pas souvent
24 heures de distance, et leurs bourreaux étaient leurs
conducteurs et leurs témoins.

... « Le monarque ne doutait pas de la sincérité de cette
foule de conversions ; les convertisseurs avaient grand
soin de l'en persuader et de le béatifier par avance. Il
avalait ce poison à longs traits. Il ne s'était jamais cru si
grand devant les hommes ni si avancé devant Dieu dans
la réparation de ses péchés et du scandale de sa vie. Il
n'entendait que des éloges, tandis que les bons et vrais
catholiques et les saints évêques gémissaient de tout leur
cœur de voir des orthodoxes imiter, contre les erreurs
et les hérétiques, ce que les tyrans hérétiques et païens
avaient fait contre la vérité, contre les confesseurs et
contre les martyrs. Ils ne se pouvaient surtout consoler

de cette immunité de parjures et de sacrilèges. Ils pleu-
raient amèrement l'odieux durable et irrémédiable que
de détestables moyens répandaient sur la véritable religion, tandis que nos voisins exultaient de nous voir
ainsi nous affaiblir et nous détruire nous-mêmes, profi-
taient de notre folie, et bâtissaient des desseins sur la
haine que nous nous attirions de toutes les puissances
protestantes. » (XIII, 24, 26.)

On ne saurait penser avec plus de justesse
ni s'exprimer avec plus d'éloquence. Pourquoi
faut-il que l'auteur se soit infligé un si cruel
désaveu? On pourrait en donner deux raisons.
Saint-Simon était, avant tout, un homme de passion, et la même passion qui très souvent l'aveu-
glait, fit la plupart du temps toute sa clairvoyance.
Pour bien entendre cette page éloquente, il faut
la remettre à sa place dans l'œuvre totale; elle est
enchâssée dans le réquisitoire contre Mme de Maintenon, dont elle forme un épisode.

La reine anonyme était accusée d'avoir préparé par des menées ténébreuses cet acte crimi-
nel. Saint-Simon devait employer (et de bonne
foi) toutes les habiletés de sa plume à le montrer
sous ses vraies couleurs. Ainsi échauffé par la
lutte, son esprit voit clair et porte loin; il démêle
les conséquences les plus diverses de l'événement;
il en suit le contre-coup à l'intérieur et à l'extérieur, dans le trouble des consciences, le discré-

dit de la religion, la fortune croissante des Etats rivaux.

Mais dans le Conseil de régence, la scène change, et l'homme avec elle. Son imagination, au lieu de lui représenter la sagesse résignée du petit troupeau, « qui broutait, mais ne s'écartait pas », lui remet sous les yeux les agitations politiques du parti huguenot depuis·Henri II jusqu'à Louis XIII ; il revoit et montre les ruines et le sang répandu, les alliances avec l'étranger, un gouvernement particulier, organisé, républicain, toutes les peines enfin que « ceux de la Religion » avaient données à Henri IV dans ses années les plus florissantes. L'avenir lui est, comme le passé, un sujet d'alarmes ; il assiste au retour des huguenots, altérés de vengeance, faisant leurs conditions, prêts à voir dans leur rappel un acte de faiblesse plutôt que de grande et forte politique.

Par malheur pour le pays, pour le Régent et pour Saint-Simon lui-même, de tels avis prévalurent. Il était peut-être temps encore, trente ans à peine après la révocation, de pallier quelques-uns de ses effets les plus funestes ; les liens formés par l'exil étaient fragiles encore et pouvaient se rompre ; on les eût rompus avec joie. Une grande occasion fut perdue de réparer une des plus lourdes fautes de l'ancien régime, et Saint-Simon fut pour

quelque chose dans cette tentative ; il est juste
que sa renommée en porte la peine.

C'était peu d'avoir inventé les Conseils. On vit à
l'œuvre cette institution bâtarde, où se déguisaient
sous les couleurs du bien public les petites ambitions de caste de l'aristocratie. Ce gouvernement
remis à soixante-dix membres offrait tous les in-
convénients du régime parlementaire, sans les
avantages qui les compensent : la discussion, le
bavardage, les coteries, la lenteur des décisions,
sans les responsabilités auxquelles ne se dérobe
pas un mandataire élu et renouvelable. L'expérience dura trois années et ne garda pas longtemps
la faveur publique ; en 1718, les Conseils furent
supprimés, à l'exception du Conseil de régence et
du Conseil des finances ; les secrétaires d'Etat, la
bête d'aversion de Saint-Simon, furent rétablis.

Ainsi s'écroulait peu à peu cet édifice politique,
dont les plans avaient été caressés avec tant
de complaisance, et Saint-Simon avait enfermé
son ambition d'homme d'Etat. Il se trompa toujours sur ses vrais mérites ; il se croyait l'étoffe
d'un habile politique ; le tour familier de son
esprit le condamnait à n'être, sur ce terrain, qu'un
artisan de projets sans portée. Pour mériter de conduire les hommes, il convient sans doute de s'appuyer sur le passé et de lui emprunter les éléments
de la vie nouvelle qui va toujours se transfor-

mant ; mais il faut surtout regarder l'avenir et ne
pas accueillir avec défiance les nouveautés inévitables, pour la seule raison que le passé ne les a pas
connues. Saint-Simon était tourné tout entier vers
le passé. Aux esprits de cette famille conviennent à
merveille les consolations ou les vengeances de
l'histoire ; mais ils sont condamnés à ne pratiquer
qu'une politique dangereuse ou stérile.

La période d'enchantement, pendant laquelle
Saint-Simon avait cru toute réforme possible, fut
de courte durée. Dès 1718, le découragement l'envahit ; il déclare que

« tout bien à faire est impossible..... Cette affligeante
vérité, et qui sera toujours telle dans un gouvernement
comme est le nôtre, depuis le cardinal Mazarin, devient
infiniment consolante pour ceux qui sentent, et qui pen-
sent, et qui n'ont plus à se mêler de rien. » (XV, 245.)

Il juge en témoin extérieur et désintéressé le
Conseil de régence :

« Depuis longtemps, il ne s'y faisait plus rien en aucun
genre, qui fût de la moindre importance, ni qui méri-
tât le moindre secret ; ce Conseil était devenu le vieux
sérail, dont la facile entrée n'était plus comptée que par
la cessation du dégoût de n'en être point, tandis qu'on y
en voyait tant d'autres, et par 20.000 livres d'appointe-
ment. On y tuait un temps très court par des extraits de
lettres de paille qu'apportait le maréchal d'Huxelles,
par des rinçures de matière des affaires du Conseil du

dedans et par des bagatelles de finances. Il y avait longtemps qu'on y était accoutumé, et ceux mêmes qui le trouvaient le plus mauvais ne pouvaient disconvenir qu'il n'y avait pas moyen de traiter rien de sérieux dans une pareille cohue. Dès avant qu'elle fût arrivée au point du temps dont on parle ici, un petit chat du roi sauta pendant un conseil sur la table, et le duc de Noailles, qui les craignait, à faire la grimace. M. le duc d'Orléans, qui s'en aperçut, voulut faire ôter ce chat. M. de Saint-Simon, en regardant ce prince, se mit à sourire et lui dit : « Pourquoi, Monsieur ? laissez ce petit chat, il fera le dix-septième. » C'est qu'ils étaient seize à ce Conseil. La compagnie éclata de rire, et le Régent même ne s'en put empêcher (1). »

On peut dire à l'honneur de Saint-Simon qu'il ne chercha point à exploiter sa faveur : il n'eut point cet indigne appétit de places qui déshonore l'ambition. Il refusa, en 1720, la charge de garde des sceaux, et, un an plus tard, celle de gouverneur du jeune roi. Law tenta vainement de lui faire accepter des actions de sa Compagnie.

La dernière circonstance de la vie politique de Saint-Simon fut son ambassade en Espagne. Il était chargé d'aller demander solennellement la main de l'infante, fille de Philippe V, pour le jeune roi Louis XV. Il déploya dans cette mission le plus grand faste, et il en retira des avantages

____

(1) *Addition au Journal de Dangeau*, XVII, 362.

honorifiques considérables : la Toison d'or pour son fils aîné, le titre de Grand d'Espagne de première classe pour son second fils.

Ce fut le dernier rayon qui éclaira sa vie publique. A son retour d'Espagne, il trouva Dubois tout-puissant. L'échec d'une dernière tentative pour relever la dignité des ducs et pairs l'irrita contre le Régent lui-même qui l'avait mal soutenu. Il se retira à la Ferté, et n'en sortit que par intervalles, jusqu'à la mort du Régent. Cet événement fermait à jamais pour lui-même le champ de l'action politique ; il le comprit et quitta la cour et le monde sans esprit de retour.

Il avait déjà, en 1722, coupé les plus forts liens qui l'y pouvaient retenir ; il avait cédé à son fils aîné le duc de Ruffec sa dignité ducale, la pairie et la grandesse. Les chagrins domestiques ne furent pas épargnés à sa vieillesse ; en 1743, il perdit sa femme ; en 1746, son fils aîné. Huit ans plus tard, son second fils mourait aussi. Il voyait la solitude se faire autour de lui ; c'est le moment de sa plus grande activité intellectuelle ; il demande aux ombres évoquées dans ses *Mémoires* d'animer son intérieur désolé. Tout entier à son œuvre, à ses regrets, à ses chimères, et plein du dieu qui fait l'écrivain de génie, il laissa venir, sans la redouter, la mort qui devait l'atteindre en 1755.

CHAPITRE V

UN CAS DE CONSCIENCE ; LA VÉRITÉ HISTORIQUE ET
LA CHARITÉ.

I

A connaître Saint-Simon par des extraits
et une lecture superficielle, on aura quelque
peine à s'imaginer Saint-Simon scrupuleux ;
ce cas étrange est vrai pourtant. Cet homme emporté de passions si vives, dévoré du besoin de
voir, d'apprendre et de raconter, implacable
dans ses ressentiments, et qui semble n'avoir
vécu que pour témoigner contre ceux qui ont
encouru sa haine, s'est longtemps demandé
s'il ne tiendrait pas toujours sa verve captive ;
cet historien, dont l'œuvre est souvent un pi-
lori, a connu les hésitations d'une conscience
timorée et la gêne de scrupules toujours renaissants ; il est resté quelque temps partagé entre la
démangeaison de tout dire et le remords de manquer, en parlant, au devoir strict de la charité.

Saint-Simon eut tous les sentiments religieux

de l'époque qui l'avait vu naître ; bien que sa vie se soit prolongée fort avant dans le XVIIIe siècle, il est resté jusqu'à la fin l'homme du XVII$_e$; il eut de ce temps la naïveté et la profondeur de la foi. Alors, malgré la distraction de la vie, vivre n'est point l'unique affaire ; il y a quelque chose de plus dans la profondeur des consciences. Le jansénisme n'a pas inutilement jeté au vent du monde ses semences de renoncement et de pénitence ; tous les esprits supérieurs ou honnêtes subissent sans révolte, avec douceur même, cet ascendant de l'opinion commune, et la foi est alors monnaie courante, comme l'incrédulité le sera au siècle suivant.

La religion de Saint-Simon est discrète, tolérante et de grand ton. Elle n'encombre pas sa vie de mille petites observances et d'un futile détail ; elle n'apparaît pas à tout propos et pour des riens ; mais elle ne s'obscurcit jamais au cours de sa longue vie, et son action intime et continue ne subit jamais de défaillance. A l'âge de la légèreté dans la conduite et du libertinage dans l'esprit, elle est toujours également efficace. Saint-Simon avait dix neuf ans, lorsque, après la déception de son alliance manquée avec les Beauvilliers, il fit une retraite à la Trappe pour « chercher à se consoler. »

« Mon père avait fort connu M. de la Trappe dans le

nonde. Il y était son ami particulier, et cette liaison se
esserra de plus en plus depuis sa retraite si voisine de
:hez mon père (1), qui l'y allait voir plusieurs jours
ous les ans ; il m'y avait mené. Quoique enfant, pour
insi dire encore, M. de la Trappe eut pour moi des
:harmes qui m'attachèrent à lui, et la sainteté du lieu
n'enchanta. Je désirai toujours d'y retourner, et je me
atisfis toutes les années et souvent plusieurs fois, et
ouvent des huitaines de suite ; je ne pouvais me lasser
l'un spectacle si grand et si touchant. M. de la Trappe
it avec bonté ces sentiments dans le fils de son ami ; il
n'aima comme son propre enfant, et je le respectai avec
a même tendresse que si je l'eusse été. Telle fut notre
iaison, singulière à mon âge, qui m'initia dans la con-
iance d'un homme si grandement et si saintement dis-
ingué, qui me lui fit donner la mienne, et dont je
egretterai toujours de n'avoir pas mieux profité... Je
'allais à la Trappe que clandestinement, pour dérober
es voyages aux discours du monde à mon âge. »
I, 126.)

On voit ainsi se dessiner, dès l'enfance, les
raits de cette piété sincère, gardant du respect
iumain ce qu'il convient d'en avoir pour ne se
lonner ni en spectacle à l'admiration, ni en pâture
ux commérages.

Il n'importe ; Saint-Simon, fils spirituel de M. de
Rancé, Saint-Simon faisant une retraite annuelle
la Trappe, voilà une physionomie qui paraîtra

(1) La Trappe est à cinq lieues de la Ferté-Vidame (près Char-
es), la terre bâtie de Saint-Simon.

nouvelle à plus d'un ; voilà un aspect imprévu du personnage.

Saint-Simon dit vrai quand il présente M. de Rancé comme son père spirituel. Sa vénération pour lui est infinie ; il ne laisse jamais passer sans une riposte la moindre parole qui paraisse amoindrir l'objet de sa piété.

« J'étais passionnément attaché à M. de la Trappe ; je l'étais infiniment à M. de Beauvilliers, et fort à M. de Chevreuse. Je me souviens qu'ayant diné en particulier chez M. de Beauvilliers, il nous proposa à M. de Chevreuse, au duc de Béthune et à moi, une promenade en carrosse autour du lac de Fontainebleau.

« A peine fûmes-nous vers le canal, que le bonhomme Béthune mit la conversation sur M. de la Trappe ; les deux autres suivirent, et tous trois se lâchèrent tant et si bien, qu'après avoir un peu répondu, puis gardé le silence pour ne les pas exciter encore davantage, je sentis que je ne pouvais plus supporter leurs propos, Je leur dis donc naïvement que je sentais bien que ce n'était pas à moi, à mon âge (1), à exiger qu'ils se tussent, mais qu'à tout âge on pouvait sortir d'un carrosse ; que je les assurais que je ne les en aimerais et ne les en verrais pas moins, en ajoutant que c'était pour moi la dernière épreuve où mon attachement pût être mis, mais que je leur demandais l'amitié d'avoir aussi égard à ma faiblesse, s'ils voulaient l'appeler ainsi, et de me mettre pied à terre ; après quoi, ils diraient tout ce qu'ils voudraient en pleine liberté.

(1) La scène se passe en 1698 ; Saint-Simon avait donc 23 ans.

« MM. de Chevreuse et de Beauvilliers sourirent : « Eh bien ! dirent-ils, nous avons raison ; mais nous n'en parlerons plus », et firent taire le duc de Béthune, qui voulait toujours bavarder. J'insistai, et sans fâcherie, à sortir pour les laisser à leur aise. Jamais ils ne le voulurent souffrir, et ils eurent cette amitié pour moi que jamais, depuis, je ne leur en ai ouï-dire un mot. Pour le bonhomme Béthune, il n'était pas si maître de lui ; mais comme aussi je ne m'en contraignais pas comme pour les deux autres, je lui répondais de façon que c'était pour longtemps. » (II, 133.)

Le duc de Charost, intime ami de Saint-Simon, peignait exactement la situation en disant de M. de la Trappe que « c'était son patriarche, devant qui tout autre n'était rien ». Mais, le propos ayant été tenu d'un air de mépris, Charost paya cher son imprudence. Comme il était lui-même partisan déclaré de Fénelon, et que ce prélat avait déjà été condamné à Rome,

« Il est vrai, répondit Saint-Simon d'un ton animé, que M. de la Trappe est mon patriarche ; mais vous et moi avons chacun le nôtre, et la différence qu'il y a entre les deux, c'est que le mien n'a jamais été repris de justice. » (II, 135.)

Sans doute, c'était de part et d'autre pousser à l'extrême et « diviniser » sa passion ; le mot est de Saint-Simon lui-même ; mais cette ardeur ne saurait déplaire dans un jeune homme de vingt ans, appliqué à un tel objet.

A la même date se place la supercherie de
Saint-Simon pour faire poser, malgré lui et à
son insu, M. de Rancé devant le peintre Rigaud.
Le jeune duc était vraiment possédé d'admiration
pour son héros spirituel, et son attachement pour
lui était sans bornes. Vers lui se tournait naturellement sa pensée à toutes les heures de crise
morale ; à M. de Rancé seul il appartenait d'é-
clairer les obscurités et de lever les scrupules de
sa conscience.

Depuis cinq ans déjà, Saint-Simon amassait en
secret les matériaux de ses futurs *Mémoires*, et il
avait trouvé l'occupation maîtresse de sa vie :
observer, noter et juger. Il avait l'âme droite, et
il se proposait « une exacte vérité » ; mais il ne
pouvait se tenir de la dire sur tous, bonne et
mauvaise. Alors encore, il ne songe pas à faire
de son œuvre le tableau animé de son temps ; il
travaille « pour lui et bien peu des siens pendant sa vie, et pour qui voudra, après sa mort » ;
s'attachant surtout à ce qui a « un rapport particulier à lui ». Par accident seulement, et d'une
façon « générale et superficielle », il fait « une
espèce de relation des événements de ces temps,
principalement des choses de la cour. »

Il s'est engagé « à ne ménager personne par
aucune considération » ; il ne se défend même
pas de songer à satisfaire ses inclinations et pas-

sions en tout ce que la vérité lui permet de dire »; mais il peut rendre de lui-même ce témoignage que dans ses écrits « la vérité se rencontre tout entière et que la passion n'a fait qu'animer le style (1). »

La passion d'écrire ne va jamais sans un arrière-projet de publicité. On a beau se promettre d'étouffer dans un absolu secret ou dans l'intimité de la famille la production de sa pensée ; on jure en vain de tenir captifs ses manuscrits ; l'espoir qu'ils s'échapperont un jour d'eux-mêmes ou qu'une main amie les mettra en liberté caresse toujours l'esprit de l'écrivain; c'est son démon familier. Un germe de vanité littéraire est peut-être nécessaire au complet développement du talent ; et, qu'on en fasse ou non l'aveu, ce stimulant ne fait jamais défaut.

Aussi Saint-Simon ne voit-il pas grossir ses manuscrits sans s'inquiéter de leur faire un sort ; il ne se refuse plus à la « complaisance de les laisser après lui » ; mais il sent que toute sa joie d'écrire sera gâtée s'il ne prend pas parti, dès le début, sur une question essentielle : les droits de la charité sur le jugement et la publication des actes d'autrui. Faut-il attendre qu'à la fin de sa vie des scrupules assaillent sa conscience et

______

(1) Voir pour tout ceci la lettre à M. de Rancé, du 29 mars 1699. (Edition Chéruel, vol. I, p. XXXIX à XLI.)

mettent en péril, au dernier moment, toute son œuvre d'historien ? Non ; pour garder cette allégresse sereine du travail et pour sauver du suicide sa propre réputation d'écrivain, il fallait prendre conseil sans retard. Dès 1699, M. de Rancé fut consulté.

Saint-Simon lui soumit, comme type caractéristique de sa manière, la relation du procès des ducs contre MM. de Luxembourg père et fils.

« Ce procès a produit des rencontres qui m'ont touché de presque toutes les plus vives passions, d'une manière autant ou plus sensible que je l'aie été en ma vie, et qui est exprimée en un style qui le fait bien remarquer. C'est, je crois, tout ce qu'il y a de plus âpre et plus amer en mes Mémoires ; mais, au moins, y ai-je tâché d'être fidèle à la plus exacte vérité.... Je me flatte que vous aurez la charité d'examiner ce que je vous envoie, d'y penser devant Dieu, et de dicter ces avis, règles et salutaires conseils que j'ose vous demander, afin que, demeurant écrits, ils ne me passent point de la mémoire et que j'y puisse avoir toute ma vie recours. »

II

Quand l'esprit de scrupule touche si vivement une âme de vingt-cinq ans, n'y a-t-il pas lieu de craindre qu'il ne l'envahisse plus tard tout entière, et que l'âme du vieillard ne s'y trouve un jour livrée sans défense ? Il n'en fut pas ainsi cependant ; le sens et la passion des réalités furent les plus forts, et l'œuvre historique de Saint-Simon ne fut en rien gênée par le ressouvenir de ses premiers troubles. Faut-il rapporter à M. de Rancé le mérite d'avoir préparé par ses conseils ce calme intérieur, dont le défaut nous eût coûté si cher ? On n'en sait rien de précis : mais ne suffit-il pas de placer en face des choses le regard si pénétrant de Saint-Simon, pour que rien au monde ne puisse l'empêcher de voir ? Quant à dire ? Il se considéra sans doute comme affranchi de toute contrainte, par ce que Sainte-Beuve appelle « l'absolution plénière » et anticipée qu'il dut arracher à la paternelle tendresse de Rancé. L'âge venu, l'œuvre de rédaction put s'accomplir sans tiraillements.

Il y eut encore cependant, vers la fin, non pas une renaissance vive des scrupules, mais un ressentiment de ce qu'ils avaient dû être. Saint-Simon avait soixante-huit ans (1743) quand il écrivit les pages qu'il intitule : « *Savoir s'il est permis d'écrire et de lire l'histoire, singulièrement celle de son temps.* » Il est guéri de ses hésitations, mais il veut que l'on sache qu'il les a connues et comment il en a triomphé. Par un souci naturel de sa mémoire, ou par une suprême concession du chrétien, il veut dire les raisons qui ont délié sa langue. Ce dernier acte a son intérêt ; il aide encore à mieux connaître le personnage.

N'allons pas croire surtout que le sentiment religieux des premières années se soit attiédi, ni que ce chrétien « et qui veut l'être » se soit émancipé. Il suffit de voir les raisons par lesquelles il établit l'utilité de l'histoire. Le Saint-Esprit est mis en scène, en personne, dès les premières lignes ; et c'est une surprise pour le lecteur de voir sous un patronage aussi auguste l'œuvre tout entière des historiens de tous les temps. L'histoire est-elle une étude digne de recommandation ? Saint-Simon rappelle que

« plusieurs saints ont écrit des chroniques et des histoires non seulement saintes, mais entièrement profanes. »

Mieux encore :

« Le Saint-Esprit n'a pas dédaigné d'être auteur d'histoires dont le tissu appartient en gros à ce monde, et seraient appelées profanes, comme toutes les autres histoires de ce monde, si elles n'avaient pas le Saint-Esprit pour auteur. »

Il faut entendre par cette œuvre du Saint-Esprit les livres historiques de l'Ecriture ; et notre auteur se repose dans la conclusion suivante :

« C'est un préjugé bien décisif qu'il est permis aux chrétiens d'écrire et de lire des histoires. »

Ainsi la soumission intellectuelle de Saint-Simon ne s'est point changée en révolte avec les années, et jamais le libertinage ne l'entama. Il lui plaît même, comme pour mieux rassurer sa conscience, d'étaler l'objection dans toute sa force ; il se donne le plaisir rassurant d'un triomphe sans restriction.

« Un chrétien, et qui veut l'être, peut-il écrire et lire l'histoire ? Les faits secs, il est vrai, accablent inutilement ; ajoutez-y les actions nues des personnages qui y ont eu part ; il ne s'y trouvera pas d'instruction, et le chaos n'en sera qu'augmenté sans aucun fruit. Quoi donc ? *les caractères, les intrigues, les cabales de ces personnages pour entendre les causes et les suites des événements ?* — Il est vrai que, sans cela, ils demeureraient inintelligibles, et qu'autant vaudrait-il ignorer ce qui charge sans apprendre, et par conséquent sans instruire. — *Mais la charité peut-elle s'accommoder du récit de tant de passions et de vices, de la révélation de tant de ressorts criminels, de tant de vues honteuses, et du démasquement de tant de personnes, pour qui sans cela on aurait conservé de l'estime, ou dont on aurait ignoré les vices et les défauts ?* Une innocente ignorance n'est-elle pas préférable à une instruction si éloignée de la charité ? et que peut-on penser de celui qui, non content de celle qu'il a prise par lui-même ou par les autres, la transmet à la postérité, et lui révèle tant de choses de ses frères, ou méprisables ou souvent criminelles ?

Voilà, ce me semble, l'objection dans toute sa force. »

Saint-Simon en vient à bout par un mélange

singulier d'arguments ; la subtilité théologique,
le sens pratique et net de l'homme du monde s'y
rencontrent et s'y enchevêtrent plus d'une fois.
Peu à peu cependant, à mesure qu'il avance dans
sa preuve, il se dégage de l'obsession du préjugé
religieux ; et la conscience satisfaite de l'honnête
homme, jugeant honnêtement ses semblables,
ose proclamer ses droits.

Dieu est lumière et vérité ; il ne nous a point
donné des yeux pour les tenir fermés sur les événements et les personnages du monde ; du sens
et de la raison pour n'en faire d'autre usage que
de « les abrutir ». Ce serait « de l'abrutissement
absolu, du parfait impossible », que de vouloir
rendre au Créateur un culte aussi déraisonnable.
Nous devons nous servir de nos facultés ; les éteindre, c'est trahir le plan divin. La charité ne nous
défend pas de voir la vérité et de juger des événements. Ne sommes-nous pas d'ailleurs le premier
objet de notre propre charité ? N'avons-nous pas
le devoir de nous instruire pour « n'être pas des
hébétés, des stupides, des dupes continuelles ? »
Faut-il tenir pour rien le péril d'être victimes des
entreprises des méchants, faute d'avoir su découvrir leurs menées ou d'avoir été avertis de leur
vrai caractère ?

« Connaissons donc tant que nous pouvons la valeur
des gens et le prix des choses ; la grande étude est de ne

pas s'y méprendre au milieu d'un monde la plupart si soigneusement masqué ; et comprenons que la connaissance est toujours bonne, mais que le bien et le mal consistent dans l'usage que l'on en fait. C'est là où il faut mettre le scrupule.

« Les mauvais, qui dans ce monde ont déjà tant d'avantages sur les bons, en auraient un autre bien étrange contre eux, s'il n'était pas permis aux bons de les discerner, de les connaître, par conséquent de s'en garer, d'en avertir à même fin, de recueillir ce qu'ils sont, de les faire passer tels qu'ils sont et qu'ils ont été à la postérité, en lui transmettant l'histoire de leur temps.

« La charité n'impose pas l'obligation de ne pas voir les choses et les gens tels qu'ils sont. Elle n'ordonne pas, sous prétexte d'aimer les personnes, parce que ce sont nos frères, d'aimer en eux leurs défauts, leurs vices, leurs mauvais desseins, leurs crimes ; elle n'ordonne pas de s'y exposer ; elle ne défend pas, mais elle veut même qu'on en avertisse ceux qu'ils menacent, même qu'ils regardent, pour qu'ils puissent s'en garantir, et elle ne défend pas de prendre tous les moyens légitimes pour s'en mettre à couvert. »

Enfin, si la médisance s'attaque aux vivants, l'histoire ne touche qu'aux morts, et le dommage ici n'est plus sensible. Celui même qui prend pour matière de son œuvre ses contemporains, les êtres qu'il a vus agir et se mouvoir dans leur réalité de chair, peut les traiter comme une foule morte. Bien fou serait-il en effet de livrer au monde son manuscrit à peine séché ! Quand

l'heure de la pleine lumière sonnera, les acteurs
du drame auront disparu ; les plus brillants eux-
mêmes ne seront plus dans la mémoire des
hommes que des ombres indistinctes ; un intervalle de deux générations suffit pour que
l'oubli et l'indifférence s'appesantissent sur cette
mêlée des intérêts et des passions ; l'abîme des
ténèbres commence.

Dès 1743, Saint-Simon constate avec mélancolie
que le règne de Louis XIV est déjà englouti par
l'histoire ; il est rejeté dans la longue série des
temps dont on ne sait plus rien que par l'étude.

« Quelle surprise de s'entendre demander qui était ce
Monseigneur qu'on a ouï nommer et dire qu'il était mort
à Meudon ? Qui était le père du roi ? Par où et comment le
roi et le roi d'Espagne sont-ils parents ? Qu'est-ce que
c'était que Monseigneur ? et que M. et Mme la duchesse de
Berry ? De qui feu M. le duc d'Orléans régent était-il fils ? »

Ainsi tout fuit, tout s'écoule, tout se rem-
place avec une effroyable célérité ; les vivants
qui fixent aujourd'hui les regards des hommes,
qui versent les grâces ou sont des auteurs de
ruines, sont déjà roulés dans la mort, anéantis
dans le silence et l'oubli définitifs, quand les pages
de l'historien, leur contemporain, voient le jour.
Qu'il s'efface donc, le scrupule de dire la vérité
sur ces vivants éphémères ! Rien ne saurait

blesser la charité, quand le témoignage n'est qu'une voix d'outre-tombe et l'écho d'un monde évanoui. L'histoire ne blesse plus ; mais elle éclaire ; le subtil venin de la médisance s'est lentement évaporé ; il n'y a plus rien dans son témoignage que de sain, d'honnête et d'utile.

III

Saint Simon dit de lui-même quelque part que « la charité ne le tenait pas enfermé dans une bouteille » (1). Il avait beau se faire l'avocat de sa cause et de donner l'illusion que chez lui la passion ne faisait qu'animer le style ; il est maintes pages de son œuvre où la bile s'est répandue et que M. de Rancé n'eût sans doute admises que purifiées et adoucies. Saint-Simon a fait sur son passage plus d'une victime ; la plus illustre de ce groupe sacrifié fut Mme de Maintenon.

Les coups qu'il a portés à cette mémoire ont été appliqués d'une main si habile et si sûre qu'elle en souffrira sans doute toujours. La réhabilitation de Mme de Maintenon est faite aujourd'hui ; en réduisant son personnage aux proportions moyennes qui lui conviennent, on l'a mieux compris ; il a

(1) v, 97.

été possible de l'expliquer sans recourir aux ténébreuses combinaisons de ses ennemis. Mais il man-
quera toujours à la défense ces traits de feu
dont Saint-Simon a marqué l'attaque; s'il reste
quelque chose de la calomnie, même grossière-
ment présentée, que doit-ce être, quand elle se
pare de tout l'éclat des lettres et que sa trame est
intimement mêlée à celle d'un style immortel ?

De son vivant déjà, Mme de Maintenon était
faite à l'outrage, et l'outrage l'a poursuivie après
sa mort.

« Je répondis, raconte-t-elle, il y a quelque temps, une
chose assez plaisante dans mon premier mouvement à
une pauvre femme qui me vint trouver comme j'étais en-
vironnée de plusieurs personnes de la cour, pleurant et
criant que je lui fisse faire justice. Je lui demandai quel
tort elle avait reçu. « C'est, dit-elle, qu'on m'a dit des injures, et j'en demande réparation. » — Des injures, lui
dis-je. Ah ! nous en vivons ici nous autres (1). »

Hâtons-nous de le déclarer, pour sauver l'honneur de Saint-Simon ; de sa part du moins, l'outrage fut inconscient et la calomnie sincère. Il
fut égaré dans ses jugements par une double cause
d'erreur : un faux système et ses préjugés sur le
rang et la naissance.

(1) *Fragment d'un entretien avec les religieuses de Saint-Louis*
(31 décembre 1700). G. Geffroy, *Madame de Maintenon d'aprè sa
correspondance authentique*, II, 333.

Le faux système, on le voit se dessiner dès les premières années de la faveur de la reine anonyme, et Mme de Maintenon en saisit finement les principaux traits.

« — Bien des gens croient, dit-elle dans un entretien avec les Dames de Saint-Cyr, que c'est par mon industrie et par un dessein prémédité que je me trouve à la place que j'occupe. Il n'y a même pas jusqu'à mes amis qui ne soient dans cette pensée. Ne vous ai-je pas raconté que le maréchal de Créqui s'enferma un jour avec l'abbé Testu, en lui disant : « Ha çà, monsieur l'abbé, parlons, je vous prie, de cette femme-là. Il faut qu'elle ait un grand esprit et un génie bien supérieur pour avoir imaginé au coin de son feu, et conduit comme elle l'a fait, le dessein d'une fortune aussi élevée que la sienne ! » L'abbé Testu, qui m'avait connue dans tous les temps et qui savait que j'étais bien éloignée d'avoir pu faire un tel projet, ni même aucun qui en approchât, voulut le lui persuader. Et le maréchal de Créqui me trouvait encore en cela d'une habileté incomparable, d'avoir su cacher mes vues et mes desseins à tous mes amis, et il admirait l'adresse avec laquelle je les abusais tous. — Oh ! non assurément, je ne me suis pas mise où je suis ! C'est Dieu tout seul ; je ne l'aurais pu, ni voulu. »

Voilà le système. Une femme se trouve, qui machine artificieusement, et dans le plus profond secret, un plan de fortune inouïe. Elle forme, dans une situation subalterne, le projet de déposséder sa maîtresse, Mme de Montespan, et de se glisser à sa place ; et comme la vertu est une arme plus puissante encore que les séductions des sens, elle met en œuvre une coquetterie savante ; si elle se réserve et résiste, c'est pour se mettre à plus haut prix. Un mariage authentique, bien que secret, couronne enfin ce prodigieux édifice de séductions hypocrites et triomphantes.

Mais cette reine d'intérieur, comblée des attentions de son royal époux, entourée d'une déférence raffinée que Marie-Thérèse n'avait jamais connue, semble se dérober à sa fortune ; elle se refuse à tout étalage de sa grandeur ; son triomphe est silencieux ; elle se contente du rayonnement intérieur de son autorité. Comment admettre qu'après avoir préparé par toute une vie d'intrigues son étonnante fortune, elle n'en ait point rêvé la suprême consécration ? Oui, ce fut son rêve, disent ses adversaires. Trois fois elle fit effort pour se faire « déclarer » reine ; et trois fois elle brisa, mais en vain, l'obstacle qui se dressa subitement entre sa personne et le trône. Les victimes furent Louvois, Harlay, Fénelon et Beauvilliers.

Lorsqu'enfin tout espoir d'un règne extérieur s'est évanoui, cette grande ambitieuse prend sa revanche dans l'exercice omnipotent et dissimulé d'une autorité indirecte. Sa chambre devient le centre du gouvernement de la France et de l'Europe ; tout en filant sa quenouille sur son

fauteuil en face du roi, elle tient et tire les fils
qui font agir et le roi, et les ministres, et les
ambassadeurs, et les prélats. Sa main est partout ; c'est la

« fée incroyable qui gouverna sans lacune, sans obstacle, sans nuage le plus léger, plus de trente ans entiers,
et même trente-deux. » (XIII, 16.)

Elle satisfit son ambition démesurée par l'exercice silencieux du pouvoir et se consola par la
plus substantielle réalité du défaut des apparences.

« Les suites, les succés, l'entière confiance, la rare dé-
pendance, la toute-puissance, l'adoration publique, universelle, les ministres, les généraux d'armée, la famille
royale la plus proche, tout en un mot, à ses pieds ; tout
bon et tout bien par elle, tout réprouvé sans elle; les
hommes, les affaires, les choses, les choix, les justices, les
grâces, la religion, tout sans exception en sa main, et le roi
et l'État, ses victimes;... c'est l'incomparable spectacle qu'il
s'agit de retracer et qui a été celui de toute l'Europe. »
(XIII, 16.)

Une fois maître de la place, l'esprit de système
pénètre et corrompt tout. C'est l'ordinaire effet
de sa puissance de paraître tout simplifier, de
rendre tout clair, de donner l'illusion de l'évi-
dence. Ainsi s'est formé le roman du gouvernement occulte et de l'influence néfaste de Mme de
Maintenon. Les romanciers, ses ennemis. n'ont

oublié qu'une chose ; ils la disent toute-puissante et ils ne veulent voir cette toute-puissance s'exercer que pour le mal.

Faut-il admettre que la haine de Saint-Simon se soit alimentée à une source moins pure encore : la rancune inavouée contre ce type suprême des parvenus ? L'accusation pèse sur un prévenu trop suspect pour être invraisemblable. Certes il était amer de voir Mme Scarron dans le rôle de reine de France, plus amer encore de solliciter son appui ; mais une fierté plus haute eût gardé Saint-Simon de cette fâcheuse extrémité ; et c'est ici le point le plus vulnérable.

Quand on pense des gens certaines choses (1), on ne les prie pas pour un service. A voir les efforts de Saint-Simon pour entrer dans les bonnes grâces de Mme de Maintenon, on ne se douterait pas qu'elle était pour lui la « *vieille sultane.* » Il ne se gêna point de faire écrire par Mme de Saint-Simon à Mme de Maintenon pour obtenir une charge de capitaine des gardes. Il est vrai que les *Mémoires* sont muets sur ce point, et que la réponse seule de Mme de Maintenon nous a révélé cette sollicitation inattendue.

Saint-Simon est hanté de la pensée que Mme de Maintenon le poursuit de sa malveillance ; à la

____

(1) Voir Saint-Simon, I, 36, et XIII, 8, 14, 15, 50, etc.

date critique de 1710, c'est par un billet de l'évêque de Chartres, le directeur de Mme de Maintenon, que Saint-Simon fut prévenu des attaques dirigées contre lui. Ce fantôme de haine s'évanouit donc ; ou plutôt il change de camp. Ce n'est pas la toute-puissante épouse qui poursuit de sentiments hostiles l'obscur courtisan ; c'est le courtisan qui lui pardonne mal de l'avoir méconnu et laissé dans l'ombre.

Il faut joindre enfin l'incurable ressentiment de l'affaire des bâtards. C'était la « *vieille fée* » qui avait tout conduit, forgé les chaînes dont « ils avaient su garrotter le roi », préparé enfin « ce groupe effroyable d'iniquité et de renversement de toutes choses », pour faire du duc du Maine « un colosse immense de puissance et de grandeur. »

IV

Mme de Maintenon est assurément l'exemple le plus caractéristique des haines de Saint-Simon. Il faut en citer quelques autres encore, pris au rang des dieux inférieurs, pour en finir d'un seul coup avec ce reproche de partialité féroce, le plus cruel et le moins mal fondé qui menace la mémoire du grand écrivain.

Il en a coûté cher à certains membres du Parlement d'avoir été mêlés à diverses affaires pour lesquelles se passionna la vanité du noble duc. Le premier président de Harlay était un savant jurisconsulte, à l'esprit vif, caustique, fécond en saillies heureuses et qui dominait sa compagnie par un incontestable ascendant. Mme de Sévigné lui donne ce magnifique éloge qu'elle n'a jamais connu une plus belle âme.

Mettons en regard le portrait d'Achille de Harlay par Saint-Simon et jugeons de la ressemblance.

« Issu de ces grands magistrats (les Harlay et les de Thou), Achille de Harlay en eut toute la gravité qu'il outra en cynique ; en affecta le désintéressement et la modestie, qu'il déshonora l'une par sa conduite, l'autre par un orgueil raffiné, mais extrême, et qui, malgré lui, sautait aux yeux. Il se piqua surtout de probité et de justice, dont le masque tomba bientôt. Entre Pierre et Jacques il conservait la plus exacte droiture ; mais dès qu'il apercevait un intérêt ou une faveur à ménager, tout aussitôt il était vendu.

« Il était savant en droit public, il possédait fort le fond des diverses jurisprudences, il égalait les plus versés aux belles-lettres, il connaissait bien l'histoire, et savait surtout gouverner sa compagnie avec une autorité qui ne souffrait point de réplique, et que nul autre premier président s'atteignit jamais avant lui. Une austérité pharisaïque le rendait redoutable par la licence qu'il donnait à ses répréhensions publiques, et aux parties, et aux avocats, et aux magistrats, en sorte qu'il n'y avait personne qui

Galerie des glaces à Versailles.

ne tremblât d'avoir affaire à lui. D'ailleurs, soutenu
en tout par la cour, dont il était l'esclave, et le très
humble serviteur de ce qui y était en vraie faveur, fin
courtisan, singulièrement rusé politique, tous ces talents,
il les tournait uniquement à son ambition de dominer et de
parvenir, et de se faire une réputation de grand homme.

« D'ailleurs sans honneur effectif, sans mœurs dans
le secret, sans probité qu'extérieure, sans humanité
même, en un mot, un hypocrite parfait, sans foi, sans loi,
sans Dieu et sans âme ; cruel mari, père barbare, frère
tyran, ami uniquement de soi-même, méchant par nature,
se plaisant à insulter, à outrager, à accabler, et n'en ayant
de sa vie perdu une occasion. On ferait un volume de ses
traits, et tous d'autant plus perçants qu'il avait infiniment
d'esprit, l'esprit naturellement porté à cela et toujours
maître de soi pour ne rien hasarder dont il pût avoir à
se repentir.

« Pour l'extérieur, un petit homme vigoureux et maigre, un visage en losange, un nez grand et aquilin, des
yeux beaux, parlants, perçants, qui ne regardaient qu'à la
dérobée, mais qui, fixés sur un client ou sur un magistrat,
étaient pour le faire rentrer en terre ; un habit peu ample,
un rabat presque d'ecclésiastique et des manchettes plates
comme eux, une perruque fort brune et fort mêlée de
blanc, touffue, mais courte, avec une grande calotte par-
dessus. Il se tenait et marchait un peu courbé, avec un
faux air plus humble que modeste, et rasait toujours les
murailles pour se faire faire place avec plus de bruit, et
n'avançait qu'à force de révérences respectueuses, et
comme honteuses à droite et à gauche, à Versailles.
(I, 142.)

Avec un peintre de cette vigueur, et hostile, le

poste de premier président du Parlement de **Paris**
devenait un poste de péril. On y était exposé à
ce trait envenimé, dont la blessure ne se ferme pas.
M. de Mesmes l'apprit non sans dommage. Saint-
Simon attache à son nom l'épithète de scélérat (1);
mais il ruine lui-même son crédit par la violence
de ses attaques. On refuse le droit de déposer à
l'homme assez dominé par la passion pour écrire
la page suivante. (C'était au fameux lit de justice
du 26 août 1718.)

« Pendant l'enregistrement, je promenais mes yeux
doucement de toutes parts, et, si je les contraignis avec
constance, je ne pus résister à la tentation de m'en
dédommager sur le premier président (de Mesmes). Je
l'accablai donc à cent reprises, dans la séance, de mes
regards assénés et forlongés avec persévérance. L'insulte,
le mépris, le dédain, le triomphe lui furent lancés de mes
yeux jusqu'en ses moelles; souvent il baissait la vue
quand il attrapait mes regards ; une fois ou deux il fixa
le sien sur moi, et je me plus à l'outrager par des sourires
dérobés, mais noirs, qui achevèrent de le confondre. *Je me
baignais dans sa rage* et je me délectais à le lui faire
sentir. Je me jouais de lui quelquefois avec mes deux
voisins, en le leur montrant d'un clin d'œil, quand il
pouvait s'en apercevoir ; en un mot, je m'espaçai sur
lui sans ménagement aucun, autant qu'il me fut possible. »
XVI, 469.)

Il est vrai que M. de Mesmes se vengea à sa

____

(1) XVI, 462 ; XX, 86.

façon, et put à son tour *se baigner dans la rage*
de son adversaire. Deux ans après la scène du
Parlement,

« une après-dînée, seul avec M. le duc d'Orléans, il
m'apprit que le premier président lui avait demandé son
agrément pour le mariage de sa fille aînée arrêté avec le
duc de Lorges (1). Ma surprise et ma colère me firent
lever brusquement et jeter mon tabouret à l'autre bout du
petit cabinet d'hiver où nous étions. Il n'y avait sorte de
plaisirs essentiels que je n'eusse faits toute ma vie à ce
beau-frère ; je n'avais donc garde de m'attendre qu'il
choisît la fille d'un homme que je traitais en ennemi
déclaré, à qui je refusais publiquement le salut, duquel
je parlais sans aucune mesure et à qui je faisais des
insultes publiques tout autant que l'occasion s'en présentait. Je ne me contraignis donc pas avec M. le duc d'Orléans sur un mariage qui m'offensait si vivement. M. le
duc d'Orléans n'osa trop rire du torrent que je débondai,
me voyant si outré. » (XVIII, 77.)

Ces quelques phrases nous en apprennent bien
plus qu'une dissertation sur l'abîme qui séparait,
il n'y a pas deux siècles encore, la noblesse de
robe et la noblesse d'épée. Le mariage eut lieu
pourtant ; Saint-Simon fit aux désirs de sa
femme « ce sacrifice vraiment sanglant. » Il y eut
donc une sorte de trêve armée entre le duc et
le président ; mais la vieille rancune bouillonnait
toujours.

(1) Beau-frère de Saint-Simon.

« Je consentis que le contrat fût signé, et de voir la duchesse de Lorges à l'hôtel de Lauzun, sans personne autre que la duchesse de Lauzun. Cela se passa debout en un moment, et fort cavalièrement de ma part. Le lendemain, le premier président vint chez moi en robe de cérémonie, où il m'accabla de compliments et de respects. Je fus sec, mais poli, comme je m'y étais engagé..... (M. de Mesmes) désira avec grande ardeur donner une espèce de repas de noce où je voulusse bien être avec Mme de Saint-Simon ; j'y consentis encore ; le repas fut excellent et magnifique, et accompagné, de la part du premier président et des siens, de tout ce qui me pouvait plaire en façons et en discours. De l'un à l'autre on se laisse conduire à tout. Mme de Saint-Simon désira si fort que nous leur donnassions un repas aussi comme de noce, qu'il fallut bien y consentir. Le premier président ne l'osait espérer, et en parut transporté de joie. Il fut des mêmes personnes qui avaient été de celui du premier président, et je m'y donnai la torture pour y faire médiocrement bien. Ainsi finit la division atroce qui me séparait du premier président, avec tant d'éclat si continuellement soutenu depuis l'affaire du bonnet, et que ce mariage avait comblée de nouveau. Dans la suite, le premier président vint de temps en temps chez moi, puis plus souvent, moi quelquefois chez lui, jusqu'à la fin de sa vie ; on peut croire qu'il n'y eut que de la civilité et que la conversation n'était pas intéressante. » (XVIII, 79, 80.)

On pourrait poursuivre ce martyrologe des victimes de Saint-Simon. M. de Mesmes n'a rien à envier à M. de Novion, ni ce dernier à Lamoi-

gnon, ni ceux-ci à Villars ; mais en tête du cortège marche M. du Maine, comme il convient à
un prince du sang, même légitimé. On est loin
des sentiments de la lettre à M. de Rancé et des
timidités de l'*Introduction*. La fougue du tempérament a été la plus forte ; la religion elle-même
n'a pu faire rentrer la griffe que l'instinct pousse
au dehors et tend pour l'agression.

Ce n'est pas toujours dans l'emportement de
sa verve rancunière que Saint-Simon blesse ses
contemporains. Il lui arrive aussi de blesser par la
profondeur même de son analyse morale, qui,
scrutant au fin fond des consciences, découvre
tout, qualités et défauts, et ajoute sans le vouloir
aux uns et aux autres.

« Peu s'en faut, dit Sainte-Beuve, qu'il n'ait fait ainsi
de Fénelon une de ses victimes ; car au milieu des charmantes et délicieuses qualités qu'il lui reconnaît, il
insiste perpétuellement sur une veine secrète d'ambition,
qui, au degré où il la suppose, ferait de Fénelon un
tout autre homme que ce qu'on aime à le voir en réalité (1). »

On ne saurait faire le tour de cette âme féminine de Fénelon avec plus de chatoiements et de
grâces caressantes. Les pages que Saint-Simon lui
consacre sont divines ; tout y paraît éloge ; l'écri-

_____

(1) *Causeries du lundi*, II, 6.

vain semble mettre quelque coquetterie à parler avec une infinie souplesse de cet homme auquel il prête jusqu'au raffinement de la coquetterie d'esprit (1). Mais, n'est-ce pas le trahir que de tempérer tant de vertus par une ambition toujours en éveil et en même temps assez savante pour toujours se contenir ? C'est le refrain des couplets pleins de charme que Saint-Simon consacre à Fénelon.

« Il n'avait eu garde de chercher à se procurer Cambrai ; la moindre étincelle d'ambition aurait détruit tout son édifice. » (I, 287.)

« La crainte de déplaire aux ducs et à Madame de Maintenon lui fit faire bouclier de modestie. » (I, 286.)

« Confiné depuis douze ans dans son diocèse, ce prélat y vieillissait sous le poids inutile de ses espérances. » (IX, 288.)

« Adroit surtout dans l'art de porter les souffrances, il en usurpait un mérite qui donnait tout l'éclat au sien. » (IX, 290.)

« Sans entreprendre de le sonder, on peut dire hardiment qu'il n'était pas sans soins et sans recherche de tout ce qui pouvait le raccrocher et le conduire aux premières places. » (IX, 291.)

« Il mourut à Cambrai le 7 janvier de cette année, au milieu des regrets intérieurs, et à la porte du comble de ses désirs. Il savait l'état tombant du roi, il savait ce qui le regardait après lui. Il était déjà consulté du

(1) Le portrait de Fénelon a été traité à plusieurs reprises ; voir I 224 ; IX, 289 ; XI, 445.

dedans et recourtisé du dehors, parce que le goût du soleil levant avait déjà percé.

« Que de puissants motifs de regretter la vie, et que la mort est amère dans des circonstances si parfaites et si à souhait de tous côtés ! Toutefois il n'y parut pas. Soit amour de la réputation, qui fut toujours un objet auquel il donna toute préférence, soit grandeur d'âme qui méprise enfin ce qu'elle ne peut atteindre, soit dégoût du monde si continuellement trompeur pour lui, et de sa figure qui passe et qui allait lui échapper, soit piété ranimée par un long usage, et ranimée peut-être par ces tristes, mais puissantes considérations, il **parut** insensible à tout ce qu'il quittait. » (XI, 445.)

N'y a-t-il pas quelque chose de trop peut-être dans cette insistance à placer surtout en lumière, chez cet homme, la passion qu'il mit le plus de soin à cacher lui-même et qu'il dissimula à tous les regards ? Cette divination de l'écrivain est un charme pour le lecteur, dont la malignité s'accommode fort bien de ce déshabillement impitoyable des consciences. Mais on voudrait être sûr que, dupe de sa propre puissance créatrice, l'écrivain n'a rien inventé, et qu'en livrant ainsi au démon de l'ambition l'âme en apparence pacifiée de Fénelon, il n'a pas été luimême la victime du démon de l'analyse, qui, de fouille en fouille, l'a entraîné au delà des frontières du vrai.

CHAPITRE VI

I

Le projet d'écrire ses *Mémoires* et de se faire
l'historien de son temps est d'ordinaire un projet
d'arrière-saison. Cette pensée vient le plus souvent
aux hommes qui ont fortement agi et qui peuvent
se flatter d'avoir si bien mêlé leur propre personnage aux faits contemporains que les raconter
est encore une manière de se raconter eux-
mêmes. Alors, quand l'âge ou la disgrâce ferment
la période de l'action, les mémoires sont comme
une revanche sur l'ennui du désœuvrement et
l'amertume d'une oisiveté sans espoir. Dire ce
que l'on fit est encore une forme de l'action.
Ces historiens d'eux-mêmes, et de leur temps à
propos d'eux-mêmes, sont des historiens d'accident et d'occasion. Ceci n'est point pour diminuer
leur mérite ; il nous plaît seulement d'analyser
leurs motifs et de discerner le véritable caractère de leur inspiration.

Mais voici un exemple rare, et qui se peut offrir

comme un vrai modèle de vocation. Au seuil de la vie, à la veille d'agir et quand, nouveau venu, on ne sait point encore s'il vous sera donné de vous signaler par des actes, se lier comme par un vœu à l'œuvre d'étudier son temps pour le raconter : cela est presque inouï et paraît comme le signe d'un génie à part, seul peut-être de son ordre, écrivain sans ancêtres et sans famille. C'est le fait de Saint-Simon.

De bonne heure, il ne montra qu'indifférence pour les études ordinaires de la jeunesse ; il parle même de « sa froideur pour les lettres », qui ne se vengèrent pas ; mais il était né liseur, et sa curiosité, dédaignant les fictions romanesques, s'attacha aux réalités de l'histoire. Un infaillible instinct lui montrait sa voie. Bien qu'il l'ait suivie sans dévier depuis l'âge de dix-neuf ans, devenu vieux, il paraît trouver qu'il aurait pu la parcourir plus brillamment encore ; et cette modestie dans l'expression n'est pas sans charme.

« J'ai toujours pensé que si on m'avait fait moins perdre de temps aux lettres et qu'on m'eût fait faire une étude sérieuse de l'histoire, j'aurais pu y devenir quelque chose. » (I, 3.)

Il se jeta donc, il s'abîma dans la lecture des mémoires relatifs à notre histoire depuis François Ier; il éprouva sans doute ce frisson de l'artiste encore inconscient, en face de l'œuvre qu'il croit pouvoir égaler : « *Ed anch'io sono pittore !* » ; et le projet se forma dans son esprit d'écrire les *Mémoires* de son temps.

Certes la muse de l'histoire ne l'occupait point seule, même à cette heure décisive ; il avait le « désir et l'espérance d'être de quelque chose » ; et de fournir lui-même, non sans gloire, un peu de la matière de son récit. Sa Clio n'est point sans quelque ambition ; faire pour raconter et savoir pour dire, voilà le rêve de cet adolescent passionné et méthodique, ambitieux et contenu, fougueux et clairvoyant, qui trouve avant vingt ans un but à sa vie et qui en parcourt la carrière, soixante ans encore, sans l'avoir un seul instant perdu de vue.

Une objection capitale s'offrit immédiatement à l'esprit de Saint-Simon : l'entreprise n'était pas sans quelque péril. Un demi-siècle plus tard, il écrivait :

« Celui qui écrit l'histoire de son temps, qui ne s'attache qu'au vrai, qui ne ménage personne, se garde bien de la montrer. Que n'aurait-il point à craindre de tant de gens puissants, offensés en personne ou dans leurs plus proches par les vérités les plus certaines, et en même temps les plus cruelles ! Il faudrait donc qu'un écrivain eût perdu le sens pour laisser soupçonner seulement qu'il écrit. Son ouvrage doit mûrir sous la clef et les plus sûres serrures. » (I, p. LIX.)

Avant même de commencer à recueillir les matériaux de son œuvre, Saint-Simon avait pris « la résolution bien ferme d'en garder le secret à soi seul. » Cette précaution lui parut remédier à tout ; et

« en juillet 1694, étant mestre de camp d'un régiment de cavalerie de son nom, dans le camp de Guinsheim sur le Vieux-Rhin, » (I, 3.)

il commença ses *Mémoires*. Il avait dix-neuf ans.

Ce n'était que l'œuvre de préparation ; car la rédaction elle-même (1) ne devait être entreprise que de longues années plus tard. Saint-Simon, qui médit des lettres, avait cependant un sens littéraire trop vif et trop juste pour offrir comme *Mémoires* de simples notes journalières et des feuillets réunis entre eux par le seul lien des dates successives. On n'écrit pas l'histoire au jour le jour ; la chronique seule s'accommode de ce manque d'horizon de l'observation et de la notation quotidiennes. Le large jugement de l'histoire réclame plus d'air et de perspective ; il faut laisser aux petits faits le temps de se produire, de s'accumuler et de tomber ; aux grands faits, celui de développer leurs conséquences ; aux caractères, le loisir de se manifester dans la féconde

---

(1) Tout au moins la rédaction dans son grand jet continu et sous sa forme définitive.

variété des occasions. Une journée est trop peu de chose; l'espace y fait défaut pour le recul nécessaire à qui veut bien voir.

Mais si les événements, même considérables, ne sont pas fixés à l'heure même où ils se produisent, le détail perdra nécessairement de sa précision ; l'incertitude se glissera rapidement dans le témoignage le plus sincère ; l'intensité de vie de l'observation directe s'atténuera. Il faut donc combiner la double méthode de la chronique et de l'histoire et jeter dans les fondations du monument les innombrables menues observations des faits quotidiens, notés sur l'heure, emmagasinés et mûris par le temps.

Qu'il l'ait fait ou non de propos délibéré, ce fut la méthode de Saint-Simon. La période de préparation s'ouvrit avant 1694, peut-être en 1691, pour ne se fermer, à vrai dire, jamais. La composition elle-même fut l'œuvre des toutes dernières années ; commencée aux environs de 1743, elle ne fut probablement terminée que vers 1753, deux ans avant la mort de l'auteur.

L'idée que Saint-Simon se fait de la grandeur de cette œuvre historique des *Mémoires*, on la verra se dégager nettement de la page suivante, où il juge Dangeau :

« Dès les commencements qu'il vint à la cour,

Dangeau se mit à écrire tous les soirs les nouvelles de la journée ; et il a été fidèle à ce travail jusqu'à sa mort. Il le fut aussi à les écrire comme une gazette, sans aucun raisonnement, en sorte qu'on n'y voyait que les événements avec une date exacte, sans un mot de leur cause, encore moins d'aucune intrigue, ni d'aucune sorte de mouvement de cour, ni d'entre les particuliers.

« La bassesse d'un humble courtisan, le culte du maître ou de tout ce qui est ou sent la faveur, la prodigalité des plus fades et des plus misérables louanges, l'encens éternel et suffocant jusque des actions du roi les plus indifférentes, la terreur et la faveur suprême qui ne l'abandonnent nulle part pour ne blesser personne, excuser tout... Tout ce que le roi a fait chaque jour, même de plus indifférent, et souvent les premiers princes et les ministres les plus accrédités, quelquefois d'autres sortes de personnages, s'y trouvent avec sécheresse pour les faits, mais tant qu'il se peut avec les plus serviles louanges, et pour des choses que nul autre que lui ne s'aviserait de louer.

« Il est difficile de comprendre comment un homme a pu avoir la patience et la persévérance d'écrire un pareil ouvrage tous les jours pendant plus de cinquante ans, si maigre, si sec, si contraint, si précautionné, si littéral à n'écrire que des œuvres de la plus repoussante aridité. Mais il faut dire aussi qu'il eût été difficile à Dangeau d'écrire de vrais mémoires, qui demandent qu'on soit au fait de l'intérieur et des diverses machines d'une cour. Quoiqu'il n'en sortît presque jamais, et encore pour des moments, quoiqu'il y fût avec distinction et dans les bonnes compagnies, quoiqu'il y fût aimé, et même estimé du côté de l'honneur et du secret, il est pourtant vrai qu'il ne fut jamais au fait

d'aucune chose ni initié dans quoi que ce fût. Sa vie
frivole et d'écorce était telle que ses Mémoires ; il ne
sentait rien au delà de ce que tout le monde voyait ; il
se contentait aussi d'être des festins et des fêtes ; sa
vanité a grand soin de l'y montrer dans ses Mémoires ;
mais il ne fut jamais de rien de particulier. Ce n'est pas
qu'il ne fût instruit quelquefois de ce qui pouvait regarder ses amis par ceux mêmes qui, étant quelques-uns des
gens considérables , pouvaient lui donner quelques
connaissances relatives ; mais cela était rare et court.
Ceux qui étaient de ses amis de ce genre en très petit
nombre, connaissaient trop la légèreté de son étoffe
pour perdre leur temps avec lui. » (XVIII, 61.)

Les événements, avec leur date exacte, fidèle-
ment notés en style de gazette : voilà Dangeau.
Une œuvre semblable ne mérite pas le nom de
Mémoires ; elle manque de l'ampleur d'exposition,
sans laquelle une page d'histoire ne saurait
vivre. Dangeau n'a donc fait que la moitié de sa
tâche : noter au jour le jour et entasser des matériaux ; mais il a cru que cet entassement suffisait
à faire un monument ; il est singulièrement dimi-
nué par cette erreur.

Dangeau a voulu voir ; mais a-t-il su voir ? Son
caractère ne le préparait guère à ce rôle. Il était
de trop légère étoffe pour donner confiance aux
confidents bien informés.

Il semble que Saint-Simon, en traçant ce
crayon de Dangeau, ait surtout accusé les traits

par lesquels cette physionomie fait contraste avec
la sienne propre : la sécheresse du plan et la
mesquinerie de la méthode, la notation exacte,
mais qui ne sait pas donner aux événements ces
longues ramifications par où ils s'enchevêtrent et
se tiennent ; un vif désir d'être bien informé,
avec des ressources insuffisantes pour y parvenir.
Prenez l'opposé de cette méthode, de cet esprit,
de cette situation ; vous avez Saint-Simon.

II

Le goût et le talent de voir vont généralement
de compagnie ; quand le regard n'atteint que la
surface des choses, on prend peu d'intérêt à leur
spectacle et on ne perd pas son temps à le suivre. Ces qualités sont nécessaires aux gens qui
s'offrent le régal d'assister au déroulement des
choses de leur temps; sans elles leur plaisir serait
moins varié et moins intense. Mais il faut con-
venir que jamais le goût et le talent d'observer ne
furent associés à un degré plus éminent que
chez Saint-Simon.

Sa curiosité est d'une effronterie naïve; elle
est pour lui l'instrument essentiel ; il le sent et il
la caresse avec complaisance ; il n'éprouve aucun
embarras à nous entretenir de sa faiblesse; le mot

de curiosité revient mainte et mainte fois sous sa plume. On devine que sa curiosité satisfaite est pour lui une raison suffisante de vivre. Elle lui fait oublier tout, jusqu'aux fatigues de l'insomnie qu'elle amène. A la mort de Monseigneur,

« la raison plutôt que le besoin nous fit coucher ; mais avec si peu de sommeil qu'à sept heures du matin j'étais debout ; mais, il faut l'avouer, de telles insomnies sont douces et de tels réveils savoureux. » (IX, 129.)

Chez lui ce besoin de curiosité est si vif que rien ne saurait en émousser l'aiguillon. Dans les scènes même où d'autres sentiments, tels que la joie, la douleur, l'espérance, menaceraient d'envahir l'être entier et de l'absorber, la passion de voir est encore la plus forte. Il y a comme une subordination des autres facultés de l'âme à cette puissance souveraine. C'est bien la marque de l'artiste, tel que la nature l'a pétri et l'a voulu, le sceau d'une organisation originale, prédestinée à son œuvre. Le passage suivant est comme un ruissellement de joie, après une immense satisfaction de curiosité; c'est aussi la théorie faite de main d'artiste, détaillée avec amour, des subtiles jouissances que goûte à voir celui qui sait voir.

A la nouvelle de la mort de Monseigneur,

« je tâchai de n'en être pas bien aise. Je ne sais trop si j'y réussis bien ; mais au moins est-il vrai que ni

joie ni douleur émoussèrent ma *curiosité*, et qu'en prenant bien garde à conserver toute la bienséance, je ne
me crus pas engagé par rien au personnage douloureux.

« Il faut avouer que, pour qui est bien au fait de la carte
intime d'une cour, les premiers spectacles d'événements
rares de cette nature, si intéressants à tant de divers
égards, sont d'une satisfaction extrême. Chaque visage
vous rappelle les soins, les intrigues, les sueurs em-
ployés à l'avancement des fortunes, à la formation, à la
force des cabales ; les adresses à se maintenir et à en
écarter d'autres ; les moyens de toute espèce mis en
œuvre pour cela ; les liaisons plus ou moins avancées,
les éloignements, les froideurs, les haines, les mauvais
offices, les manèges, les avances, les ménagements, les
petitesses, les bassesses de chacun ; le déconcertement
des uns au milieu de leur chemin, au milieu ou au comble de leurs espérances ; la stupeur de ceux qui en
jouissaient en plein, le poids donné du même coup à leurs
contraires et à la cabale opposée ; la vertu de ressor
qui pousse dans cet instant leurs menées et leurs con-
certs à bien, la satisfaction extrême et inespérée de ceux-
là (et j'en étais des plus avant), la rage qu'en conçoivent
les autres, leur embarras et leur dépit à la cacher. La
promptitude des yeux à voler partout en sondant les
âmes, à la faveur de ce premier trouble de surprise et de
dérangement subit, la combinaison de tout ce qu'on y
remarque, l'étonnement de ne pas trouver ce qu'on
avait cru de quelques-uns, faute de cœur et d'assez d'esprit en eux, et plus en d'autres qu'on n'avait pensé ; tout
cet amas d'objets vifs et de choses si importantes forme
un plaisir à qui le sait prendre, qui, tout peu solide qu'il
devient, est un des plus grands dont on puisse jouir
dans une cour. » (IX, 126.)

Cette *promptitude des yeux à voler partout*, voilà
bien un mot trouvé pour caractériser Saint-Simon.
Ses yeux tiennent dans les *Mémoires* le premier
rôle ; c'est le premier et le plus sûr élément d'information ; s'il importe d'écouter et d'entendre,
il importe bien autrement de voir. Elle est de
Saint-Simon l'expression : « le coup d'œil que
j'*assénai* vivement sur lui (1) ; » — « j'assénai ma
prunelle étincelante sur le premier président (2) ».
Dans toute scène importante, la part de ses yeux
est prépondérante; il s'en rend compte et il le dit :

« Je regardai le roi avec feu entre deux yeux. » (VIII,
61.)

« Je répliquai, regardant le roi fixement... » (IV,
229.)

« J'étais infiniment attentif à percer M. le duc d'Orléans
de mes regards. » (VIII, 34.)

On multiplierait les exemples à l'infini. C'est
qu'en effet l'œil est un instrument de divination
autant que d'observation ; son témoignage porte
plus loin que celui de l'ouïe ; où la parole réussit
à mentir, l'attitude ne saurait tromper. Aussi
Saint-Simon met-il sous le feu de son regard
ceux qu'il veut étudier. On eût pu lui appliquer
le mot qu'il dit de Fénelon :

(1) IX, 118. — Saint-Simon parle aussi XVI, 458) du « feu et
du brillant significatif » de ses yeux.
(2) XVI, 458.

« Des yeux dont le feu et l'esprit sortaient comme un torrent. » (XI, 438.)

Ce regard implacable fouille jusqu'à ceux qu'il aime le mieux et découvre le mensonge des douleurs apprêtées. C'est le lendemain de la mort de Monseigneur :

« On peut juger qu'on ne dormit guère cette première nuit (à Versailles). M. le Dauphin (duc de Bourgogne) et Mme la Dauphine ouïrent la messe ensemble de fort bonne heure. J'y arrivai sur la fin et les suivis chez eux.... Leurs yeux étaient secs à merveille, mais très compassés, et leur maintien les montrait moins occupés de la mort de Monseigneur que de leur nouvelle situation. *Un sourire qui leur échappa en se parlant bas et de fort près, acheva de me le déclarer.* » (IX, 160.)

Voici une scène où se manifestent d'une façon dramatique cette faculté de scruter par le regard et cette sorte de bouleversement qu'amène une découverte inattendue dans les bas-fonds de l'âme humaine. Saint-Simon et le Père Tellier se sont enfermés en tête à tête dans un arrière-cabinet obscur, pour s'entretenir de la Constitution.

« Il me dit tant de choses sur le fond et sur la violence pour faire recevoir la Bulle, si énormes, si atroces, si effroyables, et avec une passion si extrême, que j'en tombai en véritable syncope. Je le voyais bec à bec entre deux bougies, n'y ayant du tout que la largeur de la table entre-deux ; éperdu tout à coup par l'ouïe et par la vue, je fus saisi tandis qu'il parlait, de ce que c'était qu'un Jésuite, qui, par son néant personnel et avoué, ne pouvait rien espérer pour sa famille ; ni par son état et par ses vœux, pour soi-même, pas même une pomme ni un coup de vin plus que tous les autres ; qui par son âge touchait au moment de rendre compte à Dieu, et qui, de propos délibéré et amené avec grand artifice, allait mettre l'État et la religion dans la plus terrible combustion...

« Ses profondeurs, les violences qu'il me montra, tout cela ensemble me jeta en une telle extase que tout à coup je me pris à lui dire en l'interrompant : « Mon Père, quel âge avez-vous ? » Son extrême surprise, car *je le regardais de tous mes yeux* qui la virent se peindre sur son visage, rappela mes sens, et sa réponse acheva de me faire revenir à moi-même. « Hé ! pourquoi, me dit-il en souriant, me demandez-vous cela ? » L'effort que je me fis pour sortir d'un *sproposito* si unique et dont je sentis toute l'effrayante valeur, me fournit une issue : « C'est, lui dis-je, que je ne vous avais jamais tant regardé de suite qu'en ce vis-à-vis et entre ces deux bougies, et que vous avez le visage si bon et si sain avec tout votre travail, que j'en suis surpris. » Il goba la repartie et me répliqua qu'il avait soixante-quatorze ans, qu'en effet il se portait très bien, qu'il était accoutumé de toute sa vie à une vie dure et de travail ; et de là reprit où je l'avais interrompu. » (XI, 14.)

Ce petit cabinet noir où Saint-Simon et Le Tellier se sont comme murés pour se faire une solitude est bien l'idéal de la cache telle que

Saint-Simon souhaita bien souvent d'en avoir une, pour épier sans être vu.

« J'aurais acheté cher une cache derrière la tapisserie, (VIII, 283.)

dit-il crûment, à propos de l'humiliation de Mme la duchesse, lorsque le mariage du duc de Berry fut déclaré.

Voir, écouter, voilà les deux passions jumelles qui se disputent Saint-Simon. Elles le dominent si bien que la vanité même, si forte pourtant chez ce personnage, leur cède le pas, si elles entrent en conflit. Quand le czar fait le voyage de Paris en 1717, Saint-Simon préfère ne pas lui être présenté, pour conserver devant lui toute sa liberté d'investigation.

« Je m'en allai chez d'Antin bayer tout à mon aise... J'entrai dans le jardin où le czar se promenait. Le maréchal de Tessé qui me vit de loin vint à moi, comptant me présenter au czar. Je le priai de s'en bien garder et de ne point s'apercevoir de moi en sa présence, parce que je voulais le regarder tout à mon aise, le devancer et l'attendre tant que je voudrais pour le bien contempler, ce que je ne pourrais plus faire si j'en étais connu. Je le priai d'en avertir d'Antin, et avec cette précaution je satisfis ma curiosité tout à mon aise. » (XIV, 433.)

Faut-il être surpris que pour un témoin si aigu la fuite des heures fût infiniment rapide ? Il s'agit de la grande scène du mariage du duc de Chartres.

« La politique rendit cet appartement languissant en
apparence, mais en effet vif et curieux. Je le trouvai
court dans sa durée ordinaire. » (I, 24.)

III

Mais, si ingénieuse et si ardente que soit cette
passion de voir, elle ne saurait se satisfaire complètement elle-même. Aussi la curiosité de Saint-
Simon s'exerce-t-elle par les yeux d'autrui,
quand les siens n'y sauraient suffire. De bonne
heure, il avait multiplié ses relations, et comme
tendu le réseau de ses amitiés de manière à

« démêler, à savoir et à suivre journellement toutes
sortes de choses toujours curieuses , ordinairement
utiles, souvent d'un grand usage. » (IX, 296.)

Il exploitait ces amitiés pour son instruction
quotidienne, comme si, en les formant, il n'eût
songé qu'à l'intérêt des confidences , au lieu de
suivre la pente des sympathies. Il démonte lui-
même, pour les mieux découvrir, les ressorts de
son information, à propos de la grande cabale
des Bourguignons et des Vendômistes.

« Entièrement uni aux ducs de Beauvilliers et de
Chevreuse et à presque toute leur famille, lié entière-

ment avec Chamillart jusque dans sa plus profonde disgrâce, fort bien avec les Jésuites et avec Mgr le duc de
Bourgogne, bien aussi, quoique de loin et par les deux
ducs, avec M. de Cambrai sans connaissance immédiate,
mon cœur était à cette cabale, qui pouvait compter Mgr le
duc de Bourgogne à elle envers et contre tous.

« D'autre part, dépositaire de la plus entière confiance
domestique et publique du chancelier et de toute sa
famille, en continuelle liaison avec le duc et la duchesse
de Villeroy, et par eux avec le duc de la Rocheguyon,
qui n'était qu'un avec eux, en confiance aussi avec le
premier écuyer, avec du Mont, avec Bignon (lui et sa
femme dans toute celle de Mlle Choin, et ces derniers de
la cabale de Meudon), je ne pouvais désirer qu'aucune
des deux autres succombât, d'autant plus que les ménagements constants d'Harcourt pour moi étaient tels
qu'ils m'ôtaient tout lieu de le craindre, et me donnaient
tout celui d'entrer plus avant avec lui toutes les fois que
je l'aurais voulu.

« Je n'oserais dire que l'estime de tous ces principaux
personnages, jointe à l'amitié que plusieurs d'eux
avaient pour moi, leur donnait, d'Harcourt excepté,
une liberté, une aisance, une confiance entière à me
parler de ce qui se passait de plus secret et de plus
important, non quelquefois sans qu'il leur échappât
quelque chose sur ceux de mes amis qui leur étaient
opposés. J'en savais beaucoup plus par le chancelier et
par le maréchal de Boufflers que par les ducs de Chevreuse et de Beauvilliers.

« A ces connaissances sérieuses, j'ajoutais celle d'un
intérieur intime de cour par les femmes les plus
instruites et les plus admises en tout avec Mme la duchesse
de Bourgogne, qui vieilles et jeunes en divers genres,

voyaient beaucoup de choses par elles-mêmes et savaient
tout de la princesse, de sorte que jour à jour j'étais
informé du fond de cette curieuse sphère, et fort souvent
par les mêmes voies, de beaucoup de choses secrètes du
sanctuaire de Mme de Maintenon.

« La bourre même en était amusante, et parmi cette
bourre rarement n'y avait pas quelque chose d'important et toujours d'instructif pour quelqu'un fort au fait
de toutes choses. J'y étais mis encore quelquefois d'un
autre intérieur, non moins sanctuaire, par des valets très
principaux, et qui, à toute heure, dans les cabinets du roi,
n'y avaient pas les yeux ni les oreilles fermées.

« Je me suis donc toujours trouvé instruit journellement
de toutes choses par des canaux purs, directs et certains, et de toutes choses grandes et petites. Ma curiosité, indépendamment d'autres raisons, y trouvait fort
son compte. » (VII, 297.)

On trouve, à leur place, cités dans les *Mémoires*, les noms des personnes par lesquelles Saint-
Simon se faisait instruire des choses qu'il ne pouvait voir lui-même et apprendre directement ; la
liste en serait longue et bigarrée. Elle offrirait
dans un pêle-mêle inattendu les plus grands seigneurs et les gens de la domesticité du roi et des
princes, les médecins, les chirurgiens, les apothi-
caires, les valets de chambre ; tous ceux enfin
pour lesquels, à certaines heures, la vie intime se
découvre ou que leur humilité même fait tenir
pour rien et mêle à tout.

S'il oubliait la fierté du rang pour faire parler

ces témoins inférieurs, Saint-Simon savait étouffer ses colères, et garder avec ceux mêmes qu'il devait le plus maltraiter dans ses *Mémoires* la liberté de relations qui ouvre les hommes les uns aux autres. Il obtient un entretien secret du Père Tellier et le traite en ami : il a pris sa revanche en traçant de lui le portrait suivant :

« Sa vie était dure par goût et par habitude; il ne connaissait qu'un travail assidu et sans interruption; il l'exigeait pareil des autres sans aucun égard, et ne comprenait pas qu'on en dût avoir. Sa tête et sa santé étaient de fer, sa conduite en était aussi, son naturel cruel et farouche. Confit dans les maximes et dans la politique de la Société (de Jésus), autant que la dureté de son caractère s'y pouvait ployer, il était profondément faux, trompeur, caché sous mille plis et replis; et quand il put se montrer et se faire craindre, exigeant tout, ne donnant rien, se moquant des paroles les plus expressément données, lorsqu'il ne lui importait plus de les tenir, et poursuivant avec fureur ceux qui les avaient reçues. C'était un homme terrible qui n'allait à rien moins qu'à destruction, à couvert et à découvert, et qui, parvenu à l'autorité, ne s'en cacha plus. » (VII, 53.)

Les exemples de cette différence de traitement, dans la vie et dans les *Mémoires*, ne sont point rares chez Saint-Simon; on pourrait montrer un semblable désaccord entre le faire et le dire à propos du duc de Noailles, du premier président de Mesmes, et demaint autre. Il serait aisé de crier au scandale et d'accuser cette vertu un peu molle qui attend pour se retrouver tout entière la solitude d'une vieillesse occupée à écrire. Saint-Simon se charge lui-même de répondre : « Le stoïque est une belle et noble chimère (1) ». Ce grand curieux et ce redoutable indiscret fit trêve à ses inimitiés, dans la seule pensée d'atteindre le vrai par des voies plus nombreuses et plus sûres.

IV

Il faut lire l'inventaire des manuscrits « *du dit feu seigneur duc de Saint-Simon* », donné le 25 et le 27 juin 1755, en cinq vacations successives, par le procureur du Châtelet Grimperel et le notaire Delaleu (2), pour se représenter la somme incroyable des travaux préliminaires sur lesquels Saint-Simon fonda ses *Mémoires*. Le seul classement de ces manuscrits exigea quatorze vacations, réparties en sept journées, du 3 au 12 juin. Le manuscrit des *Mémoires*, porté au n° 131, et remplissant onze portefeuilles, avec 172 cahiers, ne forme qu'un seul numéro, dans

(1) **xx**, 91.
(2) Cette liste est donnée dans l'ouvrage de M. Armand Baschet qui a pour titre : *Le duc de Saint-Simon, son cabinet et l'historiqu de ses manuscrits.* (1874, E. Plon.)

cet immense répertoire. Nous citons au hasard :
N° 1. *Traité historique de la noblesse*... N° 32. *Trois
volumes in-folio intitulés Mémoires sur les ducs et
pairs.* — N° 33. *Un vol. in-folio intitulé : « Des pai-
ries de France et d'Angleterre et des Grands d'Espagne ».—N° 34. Un vol. in-folio. Des pairies de France.—
N° 35. Un vol. in-folio. Duchés et Comtés-pairies. —
N° 36. 37 vol. in-folio intitulés Mémoires de Dangeau,
avec des notes et réflexions.—N° 40. Vingt cahiers sur
les Te Deum. — N° 41. 28 cahiers sur les Te Deum.
— N° 48. 9 cahiers sur les Officiers de la couronne. —
N° 49. 13 cahiers sur les sacres et couronnements. —
N° 50. 26 cahiers sur les Pompes funèbres des rois. —
N° 66. 22 cahiers sur les Régences.—N° 71. 30 cahiers sur le règlement pour la maison du Roi. —
N° 72. 11 cahiers au sujet des monnaies. — N° 75.
20 cahiers concernant les gouverneurs et ambassadeurs. — N° 76. 29 cahiers concernant les États généraux... etc., etc...*

Cet extrait suffit à montrer avec quelle conscience Saint-Simon se prépara à son métier d'historien. Ce n'est pas en effet une œuvre de littérature personnelle qu'il veut donner, et un simple
recueil de souvenirs dont sa vie serait le centre. Il
s'agit pour lui d'écrire l'histoire de son temps,
dans la mesure où il a pu en être soit l'observateur
direct, soit le témoin bien informé. On est pénétré
de respect, et mis en confiance, par le spectacle d'une

semblable dépense de travail pour se mettre en
état de produire l'œuvre rêvée.

Ce n'était donc pas un simple curieux aux
écoutes, mais un chercheur laborieux, d'une
infatigable patience. Pour compléter ses matériaux d'information, il fait parler les hommes et
dévore les livres. Il lui faut un tableau complet
des familles, avec leurs plus lointaines ramifications ; même en Espagne, sur un terrain qui semble
dépasser son cadre, il étudie les noms et les armes
des principales familles. Il veut inonder la
scène de lumière, quand il fera revivre ses personnages.

Mais, l'heure venue d'élever son monument
historique, le sentiment de l'art ne lui fera pas
défaut ; Saint-Simon a connu à la fois la conscience de l'érudit et les scrupules esthétiques
de l'écrivain. Il saura distinguer les *Mémoires*
et les *Pièces*. Il renverra aux *Pièces* tout ce qui, malgré l'importance documentaire, pourrait retarder
le large flot de vie qui circule dans son œuvre.
C'est la place des documents diplomatiques fournis par le marquis de Torcy, des détails sur la
renonciation du roi d'Espagne Philippe V au trône
de France, et de bien d'autres morceaux ana-
logues.

Là aussi sont comme abrités de la commune indiscrétion et mis en un lieu plus secret certains

passages où ses sentiments intimes se sont librement donné carrière. Il relie par un léger fil les *Mémoires* et les *Pièces* quand celles-ci doivent compléter les premiers.

« J'éprouvai à Fontainebleau une des plus grandes afflictions que je pusse recevoir, par la perte que je fis de M. de la Trappe... Ces Mémoires sont trop profanes pour rapporter rien ici d'une vie aussi sublimement sainte, et d'une mort aussi grande et aussi précieuse devant Dieu. Ce que je pourrais dire trouvera mieux sa place parmi les Pièces, page 5. » (II, 446.)

Ainsi se suivent parallèlement et se soutiennent, dans la pensée de l'auteur, ces deux parties différentes de l'œuvre que les scrupules de sa délicatesse ou son raffinement d'artiste l'empêchaient de fondre en une masse grossière et indistincte.

L'œuvre de la rédaction définitive fut réservée pour les années de recueillement de la première vieillesse ; toutefois, de notables essais étaient écrits par intervalle, sous la première et vive impression des événements. Ainsi dès 1698, Saint-Simon envoyait à M. de Rancé la relation de son procès contre MM. de Luxembourg. Peut-être même y avait-il à cette date une première rédaction continue, puisque Saint-Simon dit dans sa lettre d'envoi :

« C'est, je crois, tout ce qu'il y a de plus âpre et de plus amer en mes Mémoires. »

Il est probable que les conversations avec quelques grands personnages, reproduites tout au long par Saint-Simon, avaient été fixées sous leur forme authentique au moment même ; on peut l'inférer du soin qu'il a pris de garantir leur authenticité et jusqu'à leur texte.

« Il me reste une observation à faire sur les conversations que j'ai eues avec bien des gens, surtout avec Mgr le duc de Bourgogne, M. le duc d'Orléans, M. de Beauvilliers, les ministres, le duc du Maine une fois, trois ou quatre avec le feu roi, enfin avec M. le duc et beaucoup de gens considérables, et sur ce que j'ai opiné, et les avis que j'ai pris, donnés ou disputés. Il y en a de tels, et en nombre, que je comprends qu'un lecteur qui ne m'aura point connu sera tenté de mettre au rang de ces discours factices que les historiens ont souvent prêtés du leur à des généraux d'armée, à des ambassadeurs, à des sénateurs, à des conjurés, pour orner leurs livres. Mais je puis protester avec la même vérité qui jusqu'à présent a conduit ma plume, qu'il n'y a aucun de tous ces discours, que j'ai tenus et que je rapporte, qui ne soit exposé dans ces Mémoires avec la plus scrupuleuse vérité, ainsi que ceux qui m'ont été tenus. » (XX, 92.)

Saint-Simon se rend très nettement compte des qualités que doivent offrir de bons Mémoires :

« Il n'y en peut avoir de bons que de parfaitement vrais, ni de vrais, qu'écrits par qui a vu et manié lui-même les choses qu'il écrit, ou qui les tient de gens

dignes de la plus grande foi, qui les ont vues et maniées. »
(XX, 90.)

Il peut se rendre le témoignage qu'il a tout mis
en œuvre pour savoir la vérité.

« On voit, par les Mémoires mêmes, que presque tout
est puisé de ce qui a passé par mes mains, et le reste, de
ce que j'ai su par ceux qui avaient traité les choses que
je rapporte. Je les nomme ; et leur nom, ainsi que ma
liaison intime avec eux, est hors de tout soupçon. Ce que
j'ai appris de moins sûr, je le marque ; et ce que j'ai
ignoré, je n'ai pas honte de l'avouer. De cette façon, les
Mémoires sont de source, de la première main. » (XX, 91.)

Saint-Simon n'avait pas encore quitté la cour,
lorsque Dangeau mourut (1720). L'exemplaire
complet de son *Journal* passa aux mains du
duc de Luynes. Saint-Simon en obtint communi
cation ; et il consacra quatre années (de 1734 à
1738) à étudier, à annoter l'œuvre du marquis.
Il prit à Dangeau la seule chose que celui-ci pût
lui donner : l'exactitude du détail et de la chronologie. Saint-Simon juge sévèrement la portée
d'esprit de Dangeau ; mais nul n'a plus exactement
défini le vrai mérite de son journal.

« Avec cela, ses Mémoires sont remplis de faits que
taisent les gazettes, gagneront beaucoup en vieillissant,
serviront beaucoup à qui voudra écrire plus solidement
pour l'exactitude de la chronologie et pour éviter confu-

sion. Enfin ils représentent, avec la plus désirable précision, le tableau extérieur de la cour, des journées, de
tout ce qui la compose, les occupations, les amusements,
le partage de la vie du roi, le gros de celle de tout le
monde, en sorte que rien ne serait plus désirable pour
l'histoire que d'avoir de semblables Mémoires de tous les
règnes, s'il était possible, depuis Charles V, qui jetteraient une lumière merveilleuse parmi cette futilité **sur**
tout ce qui a été écrit de ces règnes. » (XVIII, 63.)

Mais il y avait entre ces deux esprits une
différence si profonde que leur rencontre devait
amener une explosion. De leur vivant déjà, leurs
atomes ne s'étaient jamais accrochés et ne s'étaient
heurtés des pointes que pour mieux s'écarter.

« Je fus brouillé avec lui longtemps, pour un fou rire
qui partit malgré moi, et que j'ai lieu de croire qu'il ne
m'a jamais bien pardonné. Il faisait magnifiquement les
honneurs de la cour, où sa maison et sa table, tous **les**
jours grande et bonne, était ouverte à tous les **étrangers**
de considération. Il m'avait prié à diner. Plusieurs ambassadeurs et d'autres étrangers s'y trouvaient, et le
maréchal de Villeroy qui était fort de ses amis, et chez
qui sa noce s'était faite.

« Il fit peu à peu tomber à table la conversation sur les
gouvernements et les gouverneurs de provinces ; puis,
se balançant avec complaisance, se mit à dire à la compagnie : « Il faut dire la vérité ; de tous nous autres,
gouverneurs de province, il n'y a que M. le maréchal (en
regardant Villeroy) qui soit demeuré maître de la
sienne. » Les yeux de Mme de Dangeau et les miens **se**

rencontrèrent dans cet instant ; elle sourit ; et moi je fis pis, quelque effort que je pusse faire ; car il était bon homme ; et je ne voulais pas le fâcher ; mais cette fatuité fut plus forte que moi. » (XVIII, 58.)

Après la mort, et face à face avec le seul journal de Dangeau, ce ne fut plus le fou rire qui éclata, mais une sorte d'agacement, devant cet infatigable esprit de courtisanerie, une démangeaison de compléter, de rectifier, d'animer surtout. Aussi Saint-Simon ne peut-il se tenir d'ajouter au texte des annotations où sa verve éclate souvent en lumineuses saillies. Ce sont surtout des portraits, des anecdotes, de l'expressif et du vivant, qui se détache et ressort sur le ton gris du journal ; souvent aussi des observations sur les préséances, les droits, les rangs, les généalogies. On retrouve là, comme dans les *Mémoires*, de longues digressions sur l'Ordre du Saint-Esprit, sur les bâtards, sur les Lorrains, sur tout ce qui était pour Saint-Simon objet de passion.

Parfois, il note rapidement en marge un fait qui sera repris et longuement développé dans les *Mémoires* ; ailleurs il s'étend au contraire avec complaisance et rédige un morceau si complet, si achevé, qu'il pourra le transporter textuellement dans ses *Mémoires* : le tableau du règne de Louis XIV, présenté à la mort de ce prince.

Il nous paraît inexact de dire que les addi-

tions de Saint-Simon au Journal de Dangeau lui
suggérèrent la première pensée de ses *Mémoires* ;
on a vu que ce projet fut comme le principe
même de son existence ; il le suivit depuis l'ado-
lescence avec une surprenante fixité et il n'attendit pas l'âge de cinquante-neuf ans pour trouver
son illumination de Damas. M. Chéruel met plus
exactement les choses au point quand il présente
le travail de Saint-Simon sur le Journal de Dangeau comme une esquisse, un premier crayon des
Mémoires. C'est en revivant ainsi année par année, jour par jour, heure par heure, les événements contemporains, en revoyant ses notes et
ses pièces, que sa verve s'échauffe, et qu'il pré-
pare le bouillonnement de ce précieux métal en-
flammé qui va se répandre dans ses *Mémoires*.

V

L'œuvre de préparation a donc duré près d'un
demi-siècle : de 1694 à 1740, ou 1743. Pendant les
vingt-sept premières années, de 1694 à 1723, Saint-
Simon, mêlé au mouvement de la cour et des affaires, jette sur le papier ses notes, ses impressions,
ses pensées sur les événements et les hommes.
Puis, de 1723 à 1740 environ, il complète,
vérifie, retouche. Sans doute, les *Mémoires* exis-

taient déjà sous une forme fruste ; mais ce premier travail, qui eût été déjà d'un prix infini pour la postérité, ne pouvait contenter Saint-Simon. C'est cette œuvre de revision, de remaniement, de rédaction définitive que Saint-Simon entreprit et mena à bonne fin, de 1740 ou 1743 à 1751.

Vint ensuite un nouveau labeur, qui prouve le souci extrême de l'auteur. Saint-Simon recopia patiemment de sa main le manuscrit tout entier.

« Ces Mémoires sont écrits sur de grands cahiers in-folio d'une dizaine de feuilles. Chaque page in-folio contient près de 80 lignes d'une écriture fine et serrée. Chacun des onze volumes du manuscrit n'est autre chose qu'un portefeuille, relié en veau écaillé, portant les armes du duc timbrées en or sur les plats, et dans l'intérieur duquel sont retenus par des cordonnets verts plusieurs de ces cahiers in-folio. Il y a pour tous ces cahiers répartis dans ces onze portefeuilles, une pagination qui va de 1 jusqu'à près de 3000. Le duc de Saint Simon a écrit ses Mémoires depuis la première jusqu'à la dernière page sans division de volumes ni de chapitres. Il n'a indiqué aucune interruption, aucun repos ni section dans son énorme récit. Il a disposé sa matière d'une façon que Buffon aurait approuvée. Celui-ci a dit en effet : « Tout sujet est un, et quelque vaste qu'il soit, il peut être enfermé dans un seul discours. Les interruptions, les repos, les sections ne devraient être d'usage que quand on traite des sujets différents. »

Ainsi avait procédé Bossuet en écrivant son *Discours*

sur l'histoire universelle. La première édition de ce discours, publiée en 1681, ne contient pas de chapitres; tout
marche d'un seul courant, sans suspension ni division.
C'est dans des éditions postérieures qu'on a imaginé de
couper ce discours en chapitres à l'aide des indications
marginales qu'on a fait passer dans le texte. Saint-Simon
a fait comme Bossuet. Ses Mémoires sont un vaste discours sur le siècle de Louis XIV et la Régence, et le sujet
immense se déroule de 1691 à 1723, sans que ce discours
de près de trois mille pages soit, à aucun endroit, coupé
ni suspendu.

Son œuvre ne se compose donc pas, en réalité, de
onze volumes manuscrits, mais de près de trois mille pages
écrites de sa main et réparties dans onze portefeuilles.
Le duc de Saint-Simon a simplement écrit en lettres
majuscules sur la première page de son manuscrit les
mots que voici : *MÉMOIRES DE SAINCT-SIMON.*

L'écriture du manuscrit est fine et serrée, les abréviations y sont nombreuses, les ratures fort rares. Saint-
Simon a lui-même très exactement défini, dans un passage de ses Mémoires, le caractère de son écriture. Parlant du duc d'Orléans, auquel il avait soumis un travail
manuscrit, il dit: « Ses yeux ne pouvaient lire ma petite
écriture courante et pleine d'abréviations, quoique fort
peu sujette aux ratures et aux renvois (1) ».

Cette grande œuvre de revision et de rédaction
fut accomplie presque tout entière dans le calme
de la vie des champs, à la Ferté-Vidame, pendant
cette retraite pleine de dignité qui fut pour Saint-

(1) Lettre de M. Ernest Gallien, citée par M. Baschet, *op. cit.*

Simon ce qu'il appelait un intervalle entre la vie
et la mort. Dans quelles dispositions morales ?
Il est intéressant de le rechercher.

La mort subite du duc d'Orléans avait été pour
Saint-Simon un coup de foudre. Tous les liens
qui le rattachaient à la cour se trouvaient rompus ;
et l'avenir politique se fermait devant lui. Il
n'avait encore que quarante-huit ans ; c'est peut-
être le moment où l'ambition, déjà serrée de près
par la vieillesse et voyant l'étoffe de la vie se
retrécir, fait sentir le plus vivement sa pointe.
Mais la carrière politique de Saint-Simon comptait
plus de déceptions que de succès ; il avait l'habitude de l'échec et se trouvait préparé à toute
fâcheuse surprise.

« Je m'en allai à Paris, bien résolu de ne paraître
devant les nouveaux maîtres du royaume que dans les
rares nécessités ou de bienséances indispensables, et
pour des moments, avec la dignité d'un homme de ma
sorte, et de celle de tout ce que j'avais personnellement
été. Heureusement pour moi, je n'avais, dans aucun
temps, perdu de vue le changement total de ma situation, et pour dire la vérité, la perte de Mgr le duc de
Bourgogne, et tout ce que je voyais dans le gouvernement m'avait émoussé sur toute autre de même
nature. Je m'étais vu enlever ce cher prince au même
âge que mon père avait perdu Louis XIII, c'est-à dire
mon père à 36 ans, son roi de 41 ; moi, à 37, un prince
qui n'avait pas encore 30 ans, prêt à monter sur le

trône et à ramener dans le monde la justice, l'ordre, la
vérité ; et depuis, un maître du royaume, constitué à vivre un siècle, tel que nous étions, lui et moi, l'un à
l'autre, et qui n'avait pas six mois plus que moi. Tout
m'avait préparé à me survivre à moi-même, et j'avais
tâché d'en profiter. » (XX, 76.)

Une sorte de superstition l'avertit que son
rôle est terminé. Déjà, onze ans auparavant,
le souvenir de son père, supprimé en pleine
fortune, s'était présenté à son esprit, quand le duc
de Bourgogne lui manqua. Mais l'édifice de faveur,
un moment relevé, s'écroulait de nouveau. La fortune s'offre rarement plus de deux fois au cours
d'une même existence. Il était de sa destinée «de
se survivre à lui-même. »

Quelques jours à peine après la mort du duc
d'Orléans, Saint-Simon, écrivant au cardinal
Gualterio, parle de cette perte qui est pour lui
« irréparable en tout genre » ; il regrette de ne
plus pouvoir offrir « à Son Éminence qu'un
attachement stérile et d'inutiles désirs. »

Saint-Simon prit donc tout de suite, et fort
exactement, la mesure de la fortune qui l'attendait ; et il semble s'y être résigné sans effort.
Du moins l'amertume de ce sacrifice n'empoi-
sonna ni le reste de sa vie ni ses jugements. Au
déclin des années, il écrivait avec une grande
sérénité :

« Le fil des choses m'a naturellement emporté à cette digression, et la douleur de la situation présente, à n'en pas taire les causes. A mon âge, et dans l'état où est ma famille, on peut juger que les vérités que j'explique ne sont mêlées d'aucun intérêt. Je serais bien à plaindre si c'était par regret d'être demeuré oisif depuis la mort de M. le duc d'Orléans. J'ai appris dans les affaires, que s'en mêler n'est beau et agréable qu'au dehors ; et de plus, si j'y étais resté, à quelles conditions ? Et il serait temps de m'en retirer à présent, où je n'aurais plus à envisager le compte que j'aurais à en rendre à Celui qui domine le temps et l'éternité, et qu'il demandera bien plus rigoureusement aux grands effectifs et aux puissants de ce monde qu'à ceux qui se sont mêlés de peu ou de rien. »

M. Chéruel se plaît à rapprocher les dates de la rédaction définitive des Mémoires de la période de fortune des Belle-isle et des Noailles. Il se représente Saint-Simon importuné dans l'obscurité de sa retraite par l'éclat de leur grandeur et prenant sa revanche en écrivant. Le reproche est-il fondé ? c'est un bien délicat problème de psychologie. Saint-Simon avait assez de sujets de prévention contre les Noailles pour que son hostilité n'ait pas besoin d'être expliquée par ce vilain sentiment de l'envie. Il fut passionné, susceptible, présomptueux, mais non envieux. Nous écarterons avec soin de sa mémoire ce soupçon qui la ternit.

ll est beaucoup plus exact de dire que l'imagination de Saint-Simon ne faisait que s'accroître avec les années (1), au lieu de subir leur atteinte. Cette faculté qui est d'ordinaire comme un heureux épanouissement de la jeunesse et qui se développe sous la vive sensation de la nouveauté des choses, conserva chez ce vieillard privilégié toute sa puissance et tout son éclat. Elle lui représentait, dans leur détail pittoresque, avec toute l'intensité et le coloris de la vie, avec la fougue de leur mouvement, des événements prodigieusement éloignés, ou, pour tout autre, insignifiants.

Sans doute, le détail, Saint-Simon le retrouvait dans ses notes ; mais combien refroidi et inerte ! S'il l'avait reproduit tel qu'il s'offrait ainsi à lui, sans le vivifier, au lieu du large courant de vie qui circule comme un sang généreux dans son œuvre, nous n'aurions eu qu'une succession de menus renseignements, froids et décolorés. Quand il reconstitue quelqu'une de ces grandes scènes où les personnages les plus divers et les plus nombreux se rencontrent, se croisent, se pressent, Saint-Simon ne raconte pas ; il peint. Son imagination est si fortement frappée de la réalité des choses, qu'il les reproduit

____

(1) L'observation est aussi de M. Chéruel.

vingt ou trente ans après, comme il l'eût pu faire
le jour même. Sa tête, pleine de souvenirs et
toujours en travail, devait être dans un perpétuel
bouillonnement. Sainte-Beuve raconte à ce propos une anecdote significative.

« Après sa retraite de la cour, il revint quelquefois à
Paris, et allait en visite chez la duchesse de la Vallière
ou la duchesse de Mancini ; là, on raconte que, par une
liberté de vieillard et de grand seigneur devenu campa-
gnard, et pour se mettre plus à l'aise, il posait sa perruque sur un fauteuil, *et sa tête fumait.* — On se figure
bien en effet cette tête à vue d'œil fumante, que tant de
passions échauffaient (1). »

Cette effervescence de l'esprit qui brassait sans
trêve ses souvenirs et les revivait, mettait à la
disposition du vieillard un fonds prodigieusement
riche de conversation. Le maréchal de Belle-Isle le
comparait, vieux, au plus intéressant et au plus
agréable des dictionnaires ; et ce n'est là qu'un
demi-éloge ; il faudrait ajouter : un dictionnaire
qui savait faire les honneurs de lui-même, s'ouvrir à la bonne page et illustrer son article. Son
parent, l'évêque d'Agde, disait en parlant de
Saint-Simon :

« A quatre-vingts ans, son esprit était comme à quarante, sa conversation enchanteresse. Il ne vivait plus,

____

(1) *Causeries du Lundi*, XV, p. 452.

depuis bien des années, que dans sa bibliothèque, ne cessait de lire et n'avait jamais rien oublié. »

VI

Comme Saint-Simon ferma sa vie en **1723**, nous n'aurions, pour le bien connaître dans cette période de la rédaction, que les indications fournies par sa corespondance privée. Cette ressource nous fait défaut. Tant que le bon génie des lettres françaises n'aura pas descellé ce trésor, on ne pourra se prononcer avec certitude sur le véritable état de son âme. Nous avons, à la vérité, un témoignage qui nous vient de lui, mais il est préparé ; il manque de cette spontanéité et (on pourrait le prétendre) de l'indiscrétion si précieuse d'une révélation involontaire. Tel qu'il est, il faut s'en contenter.

« Reste à toucher l'impartialité, ce point si essentiel et tenu pour si difficile, je ne crains point de le dire, impossible à qui écrit ce qu'il a vu et manié. On est charmé des gens droits et vrais; on est irrité contre les fripons dont les cours fourmillent ; on l'est encore plus contre ceux dont on a reçu du mal. Le stoïque est une belle et noble chimère. Je ne me pique donc pas d'impartialité ; je le ferais vainement. On trouvera trop, dans ces Mémoires, que la louange et le blâme coulent de source à l'égard de ceux dont je suis affecté, et que l'un

et l'autre est plus froid sur ceux qui me sont plus
indifférents ; mais néanmoins vif toujours pour la vertu,
et contre les malhonnêtes gens, selon leur degré de
vice ou de vertu.

« Toutefois je me rendrai encore ce témoignage, et je
me flatte que le tissu de ces Mémoires ne me le rendra
pas moins, que j'ai été infiniment en garde contre mes
affections et mes aversions, et encore plus contre celles-
ci, pour ne parler des uns et des autres que la balance
à la main, non seulement ne rien outrer, mais ne rien
grossir, ni oublier, me défier de moi comme d'un ennemi,
rendre une exacte justice, et faire surnager à tout la
vérité la plus pure. C'est en cette manière que je puis
assurer que j'ai été entièrement impartial, et je crois
qu'il n'y a point d'autre manière de l'être. » (XX, 90.)

Saint-Simon ne croit donc pas à l'impartialité
pour qui a vu et manié les gens mis en scène.
Nous lui savons un gré infini de sa franchise ;
dans de semblables conditions, l'impartialité nous
paraît être une de ces grandes draperies solen-
nelles pour mieux abriter ses propres ressentiments. C'est un magnifique idéal ; mais il y a
fausse honte à ne pas avouer qu'on désespère
de le pouvoir atteindre. Ce passage tout entier
respire la sincérité ; il a été écrit dans les dernières années de sa vie, alors que Saint-Simon
songeait

« au compte qu'il aurait à rendre à Celui qui domine
le temps et l'éternité. »

Aussi trouvons-nous touchant le spectacle de
ce noble vieillard, quand il se flatte d'avoir su se
tenir en garde contre ses affections et ses aversions, de s'être défié de lui-même comme d'un
ennemi, de n'avoir eu de colère que contre les
fripons. Il ajoute, il est vrai, tout de suite : « et
contre ceux dont on a reçu du mal » ; tant la vérité
déborde dans sa plénitude, tant il est incapable
de la contraindre ! Saint-Simon n'a pas toujours
dit la vérité sur les gens, mais nous croyons qu'il
a eu l'illusion de l'avoir dite ; et cela suffit à la
valeur morale du personnage. Il a écrit, non sans
passion, car la passion était le fonds même de
son être, mais sans arrière-pensée de vengeance
à satisfaire, sans rancune consciente. Rien n'est
plus aisé que de le trouver en défaut sur tel ou
tel point ; mais on n'a jamais réussi à le convaincre d'imposture.

A-t-on assez remarqué une chose ? Saint-Simon
dépose souvent contre lui-même, et sa franchise
est plus d'une fois cruelle à son propre endroit
Certes, si le souci de l'impartialité éclate quelque
part, c'est dans de semblables occasions ; on
peut pardonner bien des vivacités de langage à
quiconque ne s'épargne pas soi-même. Nous en
voulons comme exemple le grand récit de la mort
de Monseigneur.

« Je continuerai à parler de moi avec la même vérité

Galerie des batailles à Versailles

dont je traite les autres et les choses, avec toute l'exactitude qui m'est possible. A la situation où j'étais à l'égard de Monseigneur et de son intime cour, on sentira aisément quelle impression je reçus de cette nouvelle (la maladie de Monseigneur). Je compris par ce qui m'était mandé de l'état de Monseigneur que la chose en bien ou en mal serait promptement décidée; je me trouvais fort à mon aise à la Ferté ; je résolus d'y attendre les nouvelles de la journée... Je passai la journée dans un mouvement vague et de flux et de reflux qui gagne et qui perd du terrain, tenant l'homme et le chrétien en garde contre l'homme et le courtisan, avec cette foule de choses et d'objets qui se présentaient à moi dans une conjoncture si critique, qui me faisait entrevoir une délivrance inespérée, subite, sous les plus agréables apparences pour les suites. » (IX, 105.)

On ne saurait se mettre en scène avec plus de franchise et se dépouiller plus allègrement soi-même de tout voile d'hypocrisie. La passion de la sincérité l'emporte ici sur les secrètes complaisances que chacun garde pour soi-même. Mais c'est peu encore, et l'arrachement des voiles se continue.

« Mme la duchesse d'Orléans et moi étions, comme on dit, gros de nous voir et de nous entretenir dans cette conjoncture, sur laquelle elle et moi nous pensions si pareillement.... Elle me rendit la confiance qui régnait dans Meudon; elle me vanta les soins et la capacité des médecins, qui ne négligeaient pas jusqu'aux plus petits remèdes, qu'ils ont coutume de mépriser le plus: elle nous en exagéra le succès; et *pour en parler franchement et en avouer la honte, elle et moi nous lamentâmes ensemble de voir Monseigneur échapper, à son âge et à sa graisse, d'un mal si dangereux.*

« Elle réfléchissait tristement, mais avec ce sel et ces tons à la Mortemart, qu'après une dépuration de cette sorte, il ne restait plus la moindre pauvre petite apparence aux apoplexies ; que celle des indigestions était ruinée sans ressource depuis la peur que Monseigneur en avait prise, et l'empire qu'il avait donné sur sa santé aux médecins, et nous conclûmes plus que langoureusement qu'il fallait compter que ce prince vivrait et régnerait longtemps.

« De là, des raisonnements sans fin sur les funestes accompagnements de son règne, sur la vanité des apparences les mieux fondées d'une vie qui promettait si peu, et qui trouvait son salut et sa durée au sein du péril et de la mort. En un mot, nous nous lâchâmes non sans quelque scrupule qui interrompait de fois à autre cette rare conversation, mais qu'avec un tour languissamment plaisant, elle ramenait toujours à son point. Mme de Saint-Simon, tout dévotement, enrayait tant qu'elle pouvait ces propos étranges ; mais l'enrayure cassait et entretenait ainsi un combat très singulier entre la liberté des sentiments, humainement pour nous très raisonnables, mais qui ne laissait pas de nous faire sentir qui n'étaient pas selon la religion. » (IX, 111.)

On croirait entendre un fragment de confession, quand on arrive au morceau suivant :

« Mon premier mouvement fut de m'informer à plus d'une fois, de ne croire qu'à peine au spectacle et aux

paroles ; ensuite de craindre trop peu de cause pour tant
d'alarme, enfin de retour sur soi-même par la considération de la misère commune à tous les hommes, et que
moi-même je me trouverais un jour aux portes de la mort.
*La joie néanmoins perçait à travers les réflexions momen-
tanées de religion et d'humanité par lesquelles j'essayais de
me rappeler.* Ma délivrance particulière me semblait si
grande et si inespérée qu'il me semblait, avec une évi-
dence encore plus parfaite que la vérité, que l'Etat
gagnait tout en une telle perte. Parmi ces pensées, *je
sentais malgré moi un reste de crainte que le malade en
réchappât, et j'en avais une extrême honte.* » (IX, 117.)

« Je voulais douter encore, quoique tout me montrât
ce qui était ; mais je ne pus me résoudre à m'abandonner à le croire (la mort de Monseigneur) que le mot
ne m'en fût prononcé par quelqu'un, à qui on pût ajouter
foi. Le hasard me fit rencontrer M. d'O, à qui je le
demandai, et qui me le dit nettement. *Cela su, je tâchai
de n'en être pas bien aise.* » (IX, 125.)

La sincérité ne saurait être plus entière ; et ce
n'est point ici comme dans ces autobiographies
où l'aveu d'une faiblesse, peu commune et raffinée, est encore une façon de se louer soi-même ;
on ne voit pas ce que Saint-Simon peut gagner à
découvrir ces mouvements humains et peu généreux, qu'il pourrait taire ; seule la passion d'être
vrai les trahit et les emporte au dehors.

VII

Saint-Simon dit, en maint endroit (1), qu'il ne sait si ses Mémoires verront le jour. Faut-il prendre au sérieux un semblable aveu ? Non sans doute. On a dit

« qu'il les écrivait principalement pour lui, pour se soulager, pour se satisfaire. C'était comme un exutoire où se dégorgeaient chaque jour la raillerie, l'indignation la colère qu'excitait dans son âme le spectacle des choses humaines.

« Il y trouvait encore un autre attrait. Ecrire l'histoire des jours qu'on a vécus, c'est presque les revivre. Saint-Simon devait goûter un plaisir singulier à rédiger, de 1723 à 1751, dans la retraite et dans la solitude, l'histoire de ses années évanouies. Il devait se complaire à retracer tant de scènes dans lesquelles sa personnalité joue un rôle si actif. Si la lecture de ses *Mémoires* nous transporte en plein règne de Louis XIV et nous fait assister à tout ce qui s'y passe, cela devait, à bien plus forte raison, lui produire le même effet. Ce travail l'arrachait évidemment au sentiment de son abandon, à la conscience des tristes temps au milieu desquels il achevait de vivre, pour le placer de nouveau dans l'époque animée et brillante où s'était écoulée la première partie de sa vie. Voilà ce qui donne du charme à la composition des Mémoires, dussent-ils même n'être jamais publiés. Celui qui les écrit y voit renaître ses anciens jours et

(1) Entre autres, XVII, 350; XX, 91.

recommence son existence écoulée. Saint-Simon a donc cherché, dans la rédaction de ses vastes Mémoires, une distraction, une occupation, un soulagement (1). »

Tout cela est vrai sans doute ; mais ce n'est pas tout. Malgré ses réserves, Saint-Simon croyait bien, et voulait vraiment, faire œuvre d'historien. Il a été toute sa vie l'homme d'un seul sujet ; dès dix-neuf ans, il assigne un but précis à son existence et il ne le perd jamais de vue. Etait-il tout à fait sincère quand il parlait de ses doutes sur la publication future de ses Mémoires ? Nous ne saurions l'admettre. Il n'y avait d'incertain que la date même de la mise au jour. On ne donne pas tant de soins, et si variés, et si minutieux, à une œuvre de pur délassement. Pourquoi cette reprise en sous-main de l'œuvre entière, cette refonte en un seul et immense jet des fragments accumulés depuis quarante années ? Pourquoi cette lourde et fastidieuse tâche de se recopier soi-même, trois mille pages durant ?

Et s'il s'agit d'une revanche sur la médiocrité irréparable d'une vie politique manquée, est-ce assez de revivre silencieusement les mauvaises heures ? Ne faut-il point que la protestation survive et puisse éclater un jour ?

(1) Lettre de M. Ernest Gallien, citée par Baschet, *op. cit.* Appendice, p. 46€.

Non, les Mémoires de Saint-Simon ne furent
pas une satisfaction de petites rancunes, un dé-
dommagement égoïste de vanité. L'auteur ne songeait pas à ruminer sa vie ; il avait l'ambition
de faire œuvre d'historien. Il a beau s'en défendre :
l'image du lecteur est toujours présente à sa pensée ; le lecteur, cet être idéal, si cher à quiconque
écrit, cet objet de tant de secrètes complaisances ! Au moment d'achever, Saint-Simon y
songe plus que jamais ; il prévient les désirs de
cet ami inconnu et s'applique à les satisfaire.

« Un défaut qui m'a toujours déplu, entre autres, dans
les Mémoires, c'est qu'en les finissant le lecteur perd de
vue les personnages principaux dont il a été le plus
parlé, dont la curiosité du reste de leur vie demeure
altérée. On voudrait voir tout de suite ce qu'ils sont
devenus, sans aller chercher ailleurs avec une peine que
la paresse arrête aux dépens de ce qu'on désirerait savoir.
C'est ce que j'ai envie de prévenir ici, si Dieu m'en donne
le temps. » (XX, 93.)

Ici éclate l'impersonnalité de l'œuvre ; ce
n'est plus pour parler de lui qu'il forme le projet
de continuer sa rédaction jusqu'au delà du jour
de sa retraite. D'autres pensées, et plus élevées,
le guident ; il est historien, et le veut être. En
même temps qu'il s'est tracé un plan, il s'est fait
une théorie de son art, accommodée à son génie.

« J'appelle histoire particulière celle du temps et du

pays où on vit. Celle-là, étant moins vaste, et se passant
sous les yeux de l'auteur, doit être beaucoup plus étendue en détails et en circonstances, et avoir pour but de
mettre son lecteur au milieu des acteurs de tout ce qu'il
raconte, en sorte qu'il croie moins lire une histoire ou
des Mémoires, qu'être lui-même dans le secret de tout
ce qui lui est représenté, et spectateur de tout ce qui est
raconté.

« C'est en ce genre d'écrire que l'exactitude la plus
scrupuleuse sur la vérité de chaque chose et de chaque trait doit se garder également de haine et d'affection, de vouloir expliquer ce qu'on n'a pu découvrir, et
de prêter des vues, des motifs, des caractères, et de grossir ou diminuer, ce qui est également dangereux et facile
si l'auteur n'est homme droit, vrai, franc, plein d'honneur et de probité, et fort en garde contre les pièges
du sentiment, du goût et de l'imagination, très singulièrement si cet auteur se trouve écrire de source pour
avoir eu part par lui-même, ou par ses amis immédiats
de qui il aura été instruit, aux choses qu'il raconte ; et
c'est en ce dernier cas où tout amour-propre, toute inclination, toute aversion et toute espèce d'intérêt doit
disparaître devant la plus petite et la moins importante
vérité, qui est l'âme et la justification de toute histoire. »
(I, xlvii.)

Il a sa méthode, et ce grand nom d'histoire ne
l'égare jamais dans la voie qui ne serait pas la
sienne. Il s'interdit les considérations générales,
qui tentent parfois son esprit :

« Que de grandes et sages réflexions à faire, mais qui
ne seraient pas en place dans ces Mémoires ! »

dit-il à propos de l'élévation au trône d'Espagne de Philippe V. Mais il s'arrête au seuil de ce grand sujet :

« Reprenons ce qui s'est passé, dont je n'ai pas voulu interrompre une suite si curieuse et si intéressante. » III, 43.)

La vérité, voilà pour lui la chose principale.

« Il me semble que c'est plus par des récits détaillés de ces choses de cour particulières qu'on la fait bien connaître; et surtout le roi, si enfermé et si difficile à pénétrer, si rare à approcher, si redoutable à ses plus familiers, si plein de son despotisme, si aisé à irriter par ce coin-là et si difficile à en revenir, même en voyant la vérité d'une part et la tromperie de l'autre ; et toutefois capable d'entendre raison quand il faisait tant que de vouloir bien écouter, et que celui qui lui parlait le lui montrait même avec force, pourvu qu'il le flattât sur son despotisme et assaisonnât son propos du plus profond respect : tout cela se touche au doigt par les récits mieux que par toutes les autres paroles. » (IV, 233.)

Il est friand des faits, et des faits seuls. Il note et sauve de l'oubli ces riens significatifs qui font revivre une époque. Sa curiosité, aussi avide du passé que du présent, a souvent regretté ce détail des faits journaliers, que les contemporains dédaignent comme trop connus et que la postérité met à si haut prix. Aussi veut-il les lui conserver, comme un trésor dont la valeur croît avec les années.

« Je me trouve, je l'avoue entre la crainte de quelques redites et celle de ne pas expliquer assez en détail des curiosités que nous regrettons dans toutes les histoires et dans presque tous les Mémoires des divers temps. On voudrait y voir les princes avec leurs maîtresses et leurs ministres, dans leur vie journalière. Outre une curiosité si raisonnable, on en connaîtrait bien mieux les mœurs du temps et le génie des monarques, celui de leurs maîtresses et de leurs ministres, de leurs favoris, de ceux qui les ont le plus approchés, et les adresses qui ont été employées pour les gouverner ou pour arriver aux divers buts qu'on s'est proposés. Si ces choses doivent passer pour curieuses, et même pour instructives dans tous les règnes, à plus forte raison d'un règne aussi long et aussi rempli que l'a été celui de Louis XIV. » (XIII, 50.)

« Ces bagatelles échappent presque toujours aux Mémoires. Elles donnent cependant plus que tout l'idée juste de ce que l'on y recherche, qui est le caractère de ce qui a été, qui se présente ainsi naturellement par les faits. » (XIII, 52.)

VIII

On a loué de mille manières le style de Saint-Simon; et rien ne l'eût plus surpris que ces éloges. Il dit de lui-même, avec une entière bonne foi, non sans quelque dédain de gentilhomme, « qu'il ne

fut jamais un sujet académique (1) ; » et sa vanité
attachée à tant de frivoles objets parait avoir
toujours dédaigné la gloire de l'écrivain. Il ne se
pique pas de bien écrire, et se croit incapable
de progrès dans ce sens.

« Dirai-je enfin un mot du style, de sa négligence, de
répétitions trop prochaines des mêmes mots, quelquefois
de synonymes trop multipliés, surtout de l'obscurité qui
naît souvent de la longueur des phrases, peut-être de
quelques répétitions ? J'ai senti ces défauts ; je n'ai pu
les éviter, *emporté toujours par la matière*, et peu attentif à la manière de la rendre, *sinon pour la bien expliquer*. Je ne fus jamais un sujet académique ; je n'ai pu
me défaire d'écrire rapidement. De rendre mon style
plus correct et plus agréable en le corrigeant, ce serait
refondre tout l'ouvrage, et ce travail passerait mes
forces ; il courrait risque d'être ingrat. Pour bien corriger ce que l'on a écrit, il faut savoir bien écrire ; *on verra
aisément ici que je n'ai pas dû m'en piquer*. Je n'ai songé
qu'à l'exactitude et la vérité. J'ose dire que l'une et l'autre
se trouvent étroitement dans mes Mémoires, qu'elles en
sont la loi et l'âme, et que *le style mérite en leur faveur
une bénigne indulgence*. Il en a d'autant plus besoin que
je ne puis le promettre meilleur pour la suite que je me
propose. » (XX, 94.)

Ainsi, dans la pensée de l'auteur, le fonds doit
sauver la forme. Quelle bonne fortune pour les
lettres françaises que l'immensité de la tâche ait

(1) XX, 94.

épargné aux Mémoires cette épreuve de la correction dont parle l'auteur ! A vrai dire, le péril ne dut jamais être grand ; quand il regrette de n'avoir su donner à son style plus de correction et d'agrément, c'est sans doute une concession aux lointains souvenirs des préceptes de sa rhétorique ; il est vraisemblable que, dans ce travail de revision, la fougue du tempérament l'eût encore emporté, et que Saint-Simon ne fût venu à bout ni d'abaisser la température ni d'éteindre l'éclat de sa narration.

Dans cet aveu de Saint-Simon sur « la négligence » de son style, il n'y a pas de fausse modestie. Bien qu'il n'eût aucun des soucis de l'homme de lettres, il avait un sens assez vif des mérites de l'art d'écrire pour se rendre compte que son style n'avait pas ce vernis uniformément répandu d'élégance, cette constante tenue si fort goûtée des hommes de son temps, nous voulons dire du xviie siècle. Etait-ce un gain ou une perte ? Il ne lui appartenait pas de se prononcer.

Nous comprendrons mieux encore ses scrupules, en rappelant la surprise du xviiie siècle lui-même, quand les regards de quelques privilégiés purent lire son œuvre. Mme du Deffand parle des « plaisirs indicibles » qu'elle trouve à cette lecture ; mais s'agit-il de juger le style ? tout autre est le langage : « le style en est abominable ; les portraits mal faits ; l'auteur n'était point un homme d'esprit. » La marquise de Créqui ne se gêne point pour dire : « cela est mal écrit ; » elle donne raison à ceux qui, préparant (en 1787) une édition mutilée, rognent chaque jour davantage : « Les Mémoires de Saint-Simon sont entre les mains du censeur ; de six volumes on en fera à peine trois, et c'est même assez. »

Le jugement est unanime ; tout le monde s'accorde sur un point : « cela est mal écrit. » On voit dans l'œuvre de Saint-Simon un précieux recueil de documents, un fouillis de détails curieux. Le goût très vif que l'on a gardé pour les choses du temps de Louis XIV est le gage le plus certain du succès des Mémoires, et on éprouve le besoin de le dire pour se justifier du plaisir de cette lecture. Saint-Simon pouvait donc s'y tromper lui-même de bonne foi.

Notre siècle a changé tout cela ; et, bien que le spectacle des variations du goût et des oscillations de la critique soit bien fait pour rendre circonspect, c'est notre siècle qui a raison. Curieux des réalités, il goûte Saint-Simon comme le pouvait faire Mme du Deffand, quand elle songeait au fonds seul de l'œuvre ; plus équitable qu'elle-même, émancipé des entraves de la vieille rhétorique, il le goûte tout entier. Il pardonne la longueur et l'enchevêtrement des phrases, en faveur de cette prodigieuse réalité de l'écrivain, qui, en face des êtres et des faits, les peint tels qu'il les voit, serrant du plus près possible lés choses et collant sur elles le tissu d'un style sans modèle. Jamais en effet peut-être style n'a plus complètement mérité cet éloge d'être vivant. On croit le voir aller, venir, s'attacher aux êtres, dessiner les choses, les pénétrer dans leurs mille replis, les enlacer et les mouler. Il force le secret des âmes, prête une voix aux passions ; et bien qu'il soit parfois violent, heurté, pittoresque jusqu'au voisinage de l'excès, il partage avec un style tout uni ce rare privilège : il présente si nettement les choses qu'on ne songe plus à le voir lui-même; entre la réalité et le lecteur, il ne s'étend point comme un rideau.

« *Les portraits mal faits.* » Voici qui porte notre surprise à l'extrême. Le nombre est petit des gens qui font de Saint-Simon une lecture complète ; et comme on le connaît plutôt par des morceaux choisis, c'est pour ses portraits qu'il est surtout admiré. Le jugement de Mme du Deffand choque de front le goût de notre temps, comme la manière de Saint-Simon surprenait le sien.

Dans un genre qui avait ses règles de convention et qui semblait fixé par l'art, Saint-Simon ne suit que son génie; par ignorance plus que par dédain des lois du genre, il innove et se fait une manière. Peut-être cette invasion brusque et saisissante du physique dans le portrait était-elle de nature à effaroucher la délicatesse de la vieille rhétorique. Saint-Simon excelle en effet à mettre en relief ce qu'il appelle « la figure extérieure » des gens.

« Rosen était un grand homme sec, qui sentait son reître, et qui aurait fait peur au coin d'un bois, avec une jambe arquée d'un coup de canon, ou plutôt du vent d'un canon, qu'il amenait tout d'une pièce. » (IV, 89.)

« Huxelles était un grand et assez gros homme, tout d'une venue, qui marchait lentement et comme se traînant, un grand visage couperosé, mais assez agréable, quoique de physionomie refrognée par de gros sourcils, sous lesquels deux petits yeux vifs ne laissaient rien échapper à leurs regards ; il ressemblait tout à fait à ces gros brutaux de marchands de bœufs. » (IV, 92.)

« La duchesse de Chaulnes était, pour la figure extérieure, un soldat aux gardes, et même un peu suisse habillé en femme ; elle en avait le ton et la voix, et des mots du bas peuple. » (II, 247.)

« Chamillart était un grand homme qui marchait en dandinant » (II, 309.)

« Monsieur était un petit homme ventru, monté sur des échasses, tant ses souliers étaient hauts, toujours paré comme une femme, plein de bagues, de bracelets, de pierreries partout, avec une longue perruque toute étalée en devant, noire et poudrée, et des rubans partout où il en pouvait mettre ; plein de toutes sortes de parfums, et, en toutes choses, la propreté même. On l'accusait de mettre imperceptiblement du rouge. Le nez fort

long, la bouche et les yeux beaux, le visage plein, mais
fort long. » (III, 173.)

« Châteaurenaud était un petit homme goussaut, blon-
dasse, qui paraissait hébété et qui ne trompait guère.
(IV, 85.)

« La Vrillière disait du comte d'Estrées que c'était une
bouteille d'encre qui, renversée, tantôt ne donnait rien,
tantôt filait menu, tantôt laissait tomber de gros bour-
billons ; et cela était vrai de sa manière de rapporter et
d'opiner. » (IV, 84.)

« Jamais je ne vis homme si triste que ce Rupel-
monde, ni qui ressemblât plus à un garçon apothicaire. »
(IV, 420.)

« La mère de l'abbé de Mailly que son long nez faisait
appeler la *bécasse*. » (V, 46.)

« La mère du maréchal de Villars était une petite
vieille ratatinée, tout esprit et sans corps... Elle était
salée, plaisante, méchante. » (V, 195.)

« Le premier coup d'œil, lorsque je fis ma première
révérence au roi d'Espagne, en arrivant, m'étonna si
fort que j'eus besoin de rappeler tous mes sens pour
m'en remettre. Je n'aperçus nul vestige du duc d'An-
jou, qu'il me fallut chercher dans son visage fort
allongé, changé, et qui disait encore beaucoup moins
que lorsqu'il était parti de France. Il était fort courbé,
rapetissé, le menton en avant, fort éloigné de sa poitrine, les pieds tout droits, qui se touchaient et se cou-
paient en marchant, quoiqu'il marchât vite, et les genoux
à plus d'un pied l'un de l'autre. » (XVIII, 270.)

« Monseigneur tâtonnait toujours en marchant et
mettait le pied à deux fois ; il avait toujours peur de
tomber, et il se faisait aider pour peu que le chemin ne
fût pas parfaitement droit et uni. » (IX, 131.)

On pourrait multiplier ces exemples à l'infini.
Certes, il y a là matière à surprise pour les parti-
sans de l'ancien genre. N'oublions pas en effet
que le portrait avait été au xviie siècle comme
une façon de genre littéraire. Mlle de Scudéry en
avait donné des modèles. Empruntons-lui l'exemple suivant, tiré de *Clélie ;* il s'agit, sous le nom de
Lyrianne, de Mme Scarron, en 1659.

« *Lyrianne* était grande et de belle taille, mais de cette
grandeur qui n'épouvante point et qui sert seulement
à la bonne mine. Elle avait le teint fort uni et fort beau,
les cheveux d'un châtain clair et très agréable, le nez
très bien fait, la bouche bien taillée, l'air noble, doux,
enjoué et modeste : et pour rendre sa beauté plus parfaite et plus éclatante, elle avait les plus beaux yeux du
monde. Ils étaient noirs, brillants, doux, passionnés et
pleins d'esprit ; leur éclat avait je ne sais quoi qu'on ne
saurait exprimer : la mélancolie douce y paraissait quelquefois avec les charmes qui la suivent presque toujours;
l'enjouement s'y faisait voir à son tour avec tous les
attraits que la joie peut inspirer, et l'on peut assurer
après, sans mensonge, que Lyrianne avait mille appas
inévitables. Au reste, son esprit était fait exprès pour sa
beauté, c'est-à-dire qu'il était grand, agréable et bien
tourné ; elle parlait juste et naturellement, de bonne
grâce et sans affectation ; elle savait le monde et mille
choses dont elle ne se souciait pas de faire vanité. Elle
ne faisait pas la belle, quoiqu'elle le fût infiniment, de
sorte que, joignant les charmes de sa vertu à ceux de sa
beauté et de son esprit, on pouvait dire qu'elle méritait
sa fortune. »

Voilà sans doute ce que Mme du Deffand eût appelé un portrait *bien fait*. L'auteur suit, dans la peinture de son modèle, un ordre régulier et que l'on sent invariable ; il y a comme une hiérarchie de dignité dans son développement. D'abord, les avantages naturels. Ici même, rien ne va à l'aventure : la taille, le port, ce qui frappe de loin et saisit au premier coup d'œil ; puis, le détail ; le teint, les cheveux, la bouche, les yeux. Par les yeux l'âme se fait jour ; c'est le trait d'union des deux parties essentielles du portrait. Puis, un balancement rythmé d'agréments intellectuels et d'avantages moraux : mélancolie et enjouement, grandeur de l'esprit et bonne grâce modeste, tous les charmes de la beauté et tous ceux de la vertu. Oui, cela est joli, bien fait, harmonisé avec un art infini ; mais cet art lui-même se trahit trop. Le lecteur perd confiance ; il ne voit plus les limites du réel et du convenu ; il craint que le procédé n'ait tout gâté, en mêlant indiscrétement aux traits fournis par la nature des réminiscences d'école.

La première qualité d'un portrait est la ressemblance. Quand nous avons le sentiment que le peintre embellit et corrige son modèle, qu'il amollit le relief jusqu'à le supprimer, nous en venons à douter de la ressemblance. Mais nous n'avons rien à craindre de pareil avec Saint-Simon.

Ici le peintre inspire une absolue confiance; parce
que sa préoccupation unique, et on le sent, a été
de rendre ce qu'il voyait, comme il le voyait.

Ce n'est pas seulement par la vigueur de la
touche que Saint-Simon se distingue du commun des historiens, quand il peint ses héros ; il
nous paraît avoir fait dans le genre une véritable
révolution, dont les deux principaux éléments
seraient l'ampleur merveilleuse des proportions,
et l'invasion du détail concret se substituant
aux abstractions.

Que l'on prenne en exemple le portrait du duc
d'Orléans, on verra cela, et quelque chose encore
d'absolument nouveau, d'un art achevé et d'une
étonnante illusion de vie : le portrait se refait et se
défait comme de lui-même aux divers âges de la
vie, suivant les influences; il n'a plus cette immuta-
bilité d'une image prise à une heure donnée ; il passe
par les altérations successives de l'âge, de l'adoles-
cence à la pleine maturité, par les degrés du vice
ou de la vertu ; toujours animé, toujours ressem-
blant, toujours en transformation, comme le modèle lui-même. Etudiés de ce point de vue, les
portraits du duc d'Orléans et du duc de Bourgogne (1) offrent à l'admiration une matière prodigieusement riche. On y voit un art accompli,

(1) XII, 92 à 115 ; VIII, 205 à 209 ; IX, 300 à 305 ; IX, 97 à 115.

et qui s'ignore ; une souplesse sans égale dans l'intelligence du modèle, une fertilité dans l'invention des moyens que nul écrivain n'avait eue encore au même degré et qu'il n'a été donné à nul autre de retrouver.

L'impression générale produite par l'œuvre de Saint-Simon est celle d'un fourmillement de vie d'une surprenante intensité. C'est peu de dire qu'il a repeuplé pour nous ces immenses galeries désertes de Versailles et ressuscité tout un monde disparu ; Montalembert lui applique avec raison le mot de Bossuet : « il semble rendre la vie plus vivante. » Nous connaissons la cour de Louis XIV comme si nous y avions vécu, plus complètement peut-être ; car ce fouilleur impitoyable a découvert pour nous les consciences et scruté les replis les plus secrets des âmes.

Il est aisé de relever dans Saint-Simon des erreurs historiques, et tout érudit qui s'appliquera à cette besogne triomphera sans peine de notre auteur. Ce travail veut être fait ; car, même en regard d'un écrivain de génie, les droits de la vérité sont sacrés. Mais quelques erreurs de détail sur des points secondaires, quelques rectifications essentielles de jugement dans les cas graves où la passion a égaré l'écrivain et faussé sa sincérité jusqu'à l'opposé du vrai, tout cela ne saurait prévaloir contre le service éminent rendu à l'histoire elle-même par ce maître ouvrier. Quel merveilleux spectacle n'offrirait pas notre histoire nationale, si chaque siècle avait été illuminé par un Saint-Simon ! Tout paraît désert, quand on quitte la période qu'il a racontée. On croit entrer dans un pays abandonné de ses habitants ; le grand souffle de la vie s'est éteint. Cette faculté créatrice de Saint-Simon, qu'aucun historien n'a possédée au même degré, le met au premier rang de nos écrivains. Ecrivain par occasion, sans préparation, sans modèle et sans ambition littéraire, il s'est fait avec les mots de tout le monde une langue d'une puissante originalité ; Sainte-Beuve le met, entre Molière et Bossuet (« un peu au-dessous, je le sais, mais entre les deux certainement »), au rang des premières gloires de la France.

En vain, pour le réduire, lui reprochera-t-on sa bile et ses haines ; il lui sera beaucoup pardonné, quoiqu'il ait beaucoup haï ; car ses haines sont plus encore de l'écrivain que de l'homme. Il leur a donné par le style un tel relief qu'elles nous semblent démesurément enflées et produisent l'illusion de quelque chose d'énorme. Mettons-les au point, et demandons-nous s'il ne s'en est pas amassé autant, à toutes les époques, dans l'âme d'un courtisan, candidat toujours

malheureux aux grandes affaires. Saint-Simon
eût mieux servi sa gloire en tenant parfois en
bride sa plume et sa langue. « Il faut tenir votre
langue » (1), lui disait déjà Louis XIV. Prenons
garde de ne pas abuser contre ce puissant écrivain de sa franchise même, et d'une indiscrétion qui nous est une source toujours vive de
jouissance.

(1) VII, 322.

TABLE DES MATIÈRES

TABLE DES GRAVURES

POITIERS. — TYPOGRAPHIE OUDIN ET Cie.